Mᴳᴿ FREPPEL

ÉVÊQUE D'ANGERS, DÉPUTÉ DU FINISTÈRE

La Révolution

Française

A PROPOS DU

CENTENAIRE DE 1789

A. ROGER ET F. CHERNOVIZ,
ÉDITEURS, PARIS.

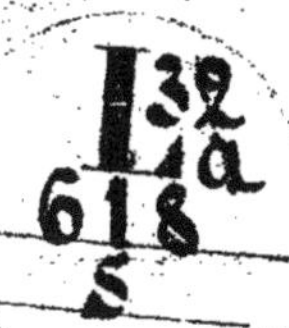

LA
RÉVOLUTION FRANÇAISE

LA
RÉVOLUTION FRANÇAISE

A PROPOS DU
CENTENAIRE DE 1789

PAR

MONSEIGNEUR FREPPEL
ÉVÊQUE D'ANGERS
DÉPUTÉ DU FINISTÈRE

Vingt-troisième édition

PARIS

A. ROGER ET F. CHERNOVIZ, LIBRAIRES-ÉDITEURS
7, RUE DES GRANDS-AUGUSTINS, 7

1889

AVANT-PROPOS

Un siècle nous sépare des événements qui
ont marqué le début de la Révolution fran-
çaise. C'est dire assez que nous nous trouvons
aujourd'hui à une distance suffisante des faits
pour être en état de les apprécier sans y
apporter trop de précipitation. Sans doute, il
serait téméraire de prétendre que la Révolu-
tion est arrivée à ses dernières conséquences
et qu'elle a parcouru un cycle désormais
fermé; il serait plus juste de penser que,
loin d'avoir atteint son terme, elle poursuit
sa marche, allant d'une étape à l'autre. Mais,
depuis cent ans, elle a traversé tant de phases,
épuisé tant de formules, qu'on peut déter-
miner dès maintenant son rôle dans l'histoire
de la France en particulier et de l'humanité
en général. Ainsi était-il devenu facile, un
siècle après la prétendue Réforme, de tracer
le cadre où le protestantisme allait se ren-
fermer pour toujours avec ses incertitudes
et ses variations.

Car il en est, à certains égards, de la Révo-
lution française comme de la Réforme : l'une
et l'autre constituent un mouvement d'idées

qui dépasse de loin les limites d'un siècle ou
d'un pays. Si tout s'était borné en 1789 et en
1793 à renverser une dynastie, à substituer
une forme de gouvernement à une autre, il n'y
aurait eu là qu'une de ces catastrophes dont
l'histoire nous offre maint exemple. Mais la
Révolution française a un tout autre carac-
tère : elle est une doctrine, ou, si l'on aime
mieux, un ensemble de doctrines, en matière
religieuse, philosophique, politique, sociale.
Voilà ce qui lui donne sa véritable portée ;
et c'est à ces divers points de vue qu'il con-
vient de se placer, pour la juger en elle-même
et dans son influence sur les destinées de la
nation française, comme aussi sur la marche
générale de la civilisation.

Tout nous convie à cet examen loyal et
sincère. Car il est évident que pour chacun de
nos contemporains la manière de voir et d'agir
dépend, en grande partie, de l'idée qu'il se
fait du mouvement de 1789, point de départ
de l'époque actuelle. Hommes et choses, tout
change d'aspect suivant qu'on le limite, en
droit, à des réformes désirées par tous et
accomplies dans le sens même de l'histoire
religieuse et civile de notre pays, ou bien
qu'on se félicite de l'avoir vu aboutir, en
fait, à une révolution radicale inspirée et
gouvernée par les maximes des philosophes
du dix-huitième siècle, surtout par celles
du *Contrat social* de Rousseau. C'est bien
ainsi que l'entendent les promoteurs du cen-
tenaire de 1789 : après un siècle d'expé-

riences, ils estiment que l'heure est venue
de glorifier solennellement la Révolution fran-
çaise; et, par conséquent, ils nous obligent
de rechercher à notre tour si les faits nous
permettent de nous associer à leurs joies et
à leurs espérances.

Cette recherche est, en effet, plus facile à
l'heure actuelle que dans les temps antérieurs
au nôtre. Sous l'Empire comme sous la Res-
tauration et sous la Monarchie de 1830, insti-
tutions et lois, tout se ressentait de certaines
influences étrangères à la Révolution; et, par
suite, il était devenu moins aisé de distinguer
ce qui lui appartenait en propre et ce qui
venait d'ailleurs. De là bien des illusions, pour
ne pas dire des sophismes. Aujourd'hui que
le régime politique et social de la France tend
de plus en plus à remonter aux pures traditions
révolutionnaires, la question, dégagée d'élé-
ments secondaires et transitoires, a beaucoup
gagné en clarté et en précision ; et l'on pour-
rait, ce semble, la résumer en ces termes :

Qu'est-ce que la Révolution a fait de la
France ? A-t-elle résolu, après cent ans de
durée, un seul des problèmes qu'elle s'était
posés à l'origine, et d'où vient cette impuis-
sance ? Est-ce à elle que l'on doit attribuer une
seule des réformes raisonnables et sensées, ac-
complies depuis un siècle, dans l'ordre civil,
politique et social, ou bien ces réformes au-
raient-elles été opérées sans elle, plus sage-
ment, plus équitablement et plus sûrement ?
A-t-elle réalisé les maximes de liberté, d'éga-

lité et de fraternité, ou bien a-t-elle produit, sous des formes qui lui sont particulières, le despotisme et la haine des partis? Peut-elle se flatter d'avoir contribué soit aux progrès de la science, soit à l'amélioration du sort des travailleurs? Quelle est au contraire sa part dans le plus grand fléau du monde moderne, le militarisme sans trève ni limites? Comment se fait-il que, loin de se laisser gagner par ses exemples, les nations civilisées se détournent d'elle, à mesure que l'on s'éloigne davantage de son origine? Telles sont les questions qu'il importe de résoudre, à la veille du centenaire de 1789, pour savoir si, loin de pouvoir être considérée comme un bienfait, la Révolution française n'est pas l'un des événements les plus funestes qui aient marqué dans l'histoire du genre humain.

LA
RÉVOLUTION FRANÇAISE

A PROPOS DU

CENTENAIRE DE 1789

I

RÉFORMES ET RÉVOLUTION

Le mouvement de 1789 devait être, selon le désir général, un mouvement réformateur, et il est devenu, pour des causes que j'indiquerai plus loin, un mouvement révolutionnaire. C'est à la fois son vice et sa condamnation.

Je le disais, il y a quelques années : « Vers la fin du siècle dernier, il s'est produit dans la société française un mouvement d'idées dont rien ne permet encore de prévoir le terme. Jusque-là, on avait bien vu des nations modifier sur quelques points les conditions de leur vie publique, suivant les besoins des temps et l'état des esprits ; et, dans le cours de sa longue histoire, la France elle-même n'avait pas manqué, à maintes reprises, d'approprier à des situations nouvelles son régime civil et politique. Dans de pareilles réformes, inspirées par la justice et conduites avec sagesse, il n'y a rien qui ne soit conforme aux vues de la Providence et à l'ordre naturel des choses. Mais une nation, rompant brusquement avec tout son passé, faisant, à un moment donné, table rase de son gouvernement, de ses lois, de ses institutions, pour rebâtir à neuf l'édifice social, depuis la base jusqu'au sommet, sans tenir compte d'aucun droit ni d'aucune tradition ; une nation réputée la première de toutes, et venant déclarer à la face du monde entier qu'elle a fait fausse route depuis douze siècles, qu'elle s'est trompée constamment sur son génie, sur sa mission, sur ses devoirs, qu'il n'y a rien de juste ni de légitime dans ce qui a fait sa grandeur et sa gloire, que tout est à recommencer et qu'elle n'aura ni trêve ni repos tant qu'il restera debout un vestige de son histoire : non, jamais spectacle aussi étrange ne s'était offert aux regards des hommes (1). »

Etait-ce donc bien le vœu de la nation, en 1789, que la France déchirât, en un jour de colère, sa glorieuse histoire pour se lancer

(1) Discours prononcé à l'inauguration du monument du général Lamoricière, 1879.

dans le plus terrible des inconnus? Pas le
moins du monde. Je viens de relire attentive-
ment les cahiers dans lesquels clergé, noblesse
et tiers-état avaient déposé l'expression libre
et sincère de leurs vœux et de leurs sentiments;
car « il n'y eut jamais d'élections plus libres
que celles de 1789 (1) ». On n'y trouve rien de
pareil (2). Tout le monde est d'accord pour
conserver les bases fondamentales de la société
française : le gouvernement monarchique,
l'inviolabilité de la personne sacrée du roi et
l'hérédité de la couronne de mâle en mâle; la
religion catholique dominante, ayant seule le
culte public dans le royaume, etc. (3). Rien de
tout cela n'est mis en question dans aucun
cahier, et le tiers-état ne se montre pas le
moins enthousiaste lorsqu'il s'agit de témoigner
son attachement à la royauté (4). C'est donc un

(1) Ch. Chassin. *Le génie de la Révolution*, t. Ier, *les élec-
tions de 1789, d'après les brochures, les cahiers et les procès-ver-
baux manuscrits*, p. 217. L'auteur est un panégyriste en-
thousiaste de la Révolution.
(2) *Résumé général* ou extrait des cahiers de pouvoirs,
instructions, demandes et doléances, remis par les divers
baillages, sénéchaussées et pays d'État du royaume à leurs
députés à l'Assemblée des États généraux ouverts à Ver-
sailles le 4 mai 1789, par une société de gens de lettres,
publié par le sieur Prudhomme, 3 volumes, Paris, 1789.
(3) *Rapport sur le dépouillement des cahiers* par le comte de
Clermont-Tonnerre, le 27 juillet 1789. (*Histoire parlementaire*,
t. II, p. 177.) — « Que la religion catholique demeure loi
du royaume, mais que les autres communions chrétiennes
ne soient point inquiétées, tant qu'elles ne troubleront ni
les mœurs ni la tranquillité publiques : voilà tout ce que
la noblesse et le tiers-état désirent. » *Les cahiers de 89*, par
Léon de Poncins. Paris, 1886, p. 146.
(4) Chassin, t. Ier, Tiers-État de Bordeaux, de Nantes, de

fait absolument avéré, un fait hors de tout
conteste, que l'idée d'une révolution radicale
est totalement absente de ces cahiers préparés
par l'élite intellectuelle de la nation, écrits par
les commissaires élus de chaque assemblée
plébéienne, noble, ecclésiastique, discutés,
comparés, et enfin approuvés par la masse des
électeurs délibérant et votant en pleine liberté.
C'est là qu'il faut chercher le véritable senti-
ment de la nation française à la veille de 1789.
Comme le disait Mounier : « On voulait détruire
les abus et non renverser le trône (1); » on vou-
lait opérer des réformes et non faire une révo-
lution

Oui, on voulait détruire les abus, et ils
étaient graves, nombreux; on voulait opérer
des réformes, unanimement et à bon droit :
réforme de privilèges qui, utiles autrefois au
bien général, n'avaient plus, pour la plupart,
la même raison d'être; réforme dans l'assiette,
la répartition et le recouvrement de l'impôt;
et, par-dessus tout, rappel de la Constitution
française à ses vrais principes, consentement
de la nation à la levée de l'impôt et participa-
tion de ses représentants à la confection des
lois, suivant le vieil adage : *Lex consensu populi
fit et constitutione regis :* voilà quels étaient les
vœux légitimes de toutes les classes de la so-
ciété française vers la fin du siècle dernier. Je

Bar-le-Duc, de Rouen, de Paris, de Vannes, du Forez, etc.,
p. 240 et suiv.

(1) Mounier, *Recherches sur les causes qui ont empêché les
Français de devenir libres*, t. Iᵉʳ, p. 249.

ne suis pas de ceux qui admirent sans réserve l'œuvre de Richelieu et de Louis XIV, tant à l'intérieur qu'à l'extérieur. Les plaintes de Bérulle, de Vauban, de Bois-Guillebert, de Fénelon et d'autres esprits non moins clair-voyants, n'étaient que trop fondées. Il est à jamais regrettable que la monarchie, déviant de sa ligne traditionnelle, se soit développée dans le sens de l'absolutisme; que depuis 1614 jusqu'en 1789, on n'ait pas songé une seule fois à convoquer les États généraux pour associer la représentation nationale à la chose publique et pour prévenir le désordre financier à l'aide d'un contrôle efficace; que le régime des intendants, appliqué outre mesure, ait amoindri l'action des corps électifs au profit d'une centralisation destructive des libertés municipales et provinciales; que la noblesse, au lieu de constituer, comme en Angleterre et ailleurs, une vraie force politique, en ait été réduite à n'être plus, trop souvent, qu'un simple décor; et, enfin, que des coutumes surannées, ne répondant plus à aucun intérêt sérieux, se soient maintenues si longtemps, au risque de mécontenter les populations, moins sensibles à la perte d'un droit politique qu'aux vexations provenant des abus du droit de colombier et du droit de chasse (1). Sur tous

______

(1) Les cahiers du Tiers-État sont remplis de ces do-léances si légitimes, mais auxquelles il était assurément facile de faire droit sans détruire pour cela ni la monarchie ni la religion. *Cahiers du Tiers*, p. 289 et suiv., p. 329 et suiv.

ces points, et sur d'autres encore, la nation française était parfaitement fondée à réclamer des réformes. Rien de plus conforme à la justice comme aux vraies traditions du pays, que de demander le redressement des abus qu'une longue suite de siècles avait pu introduire dans l'ordre civil, politique et social.

Mais ce qu'il ne faut pas se lasser de dire et de répéter, pour l'appréciation saine et équitable des événements de 1789, c'est que, ces abus, nul ne songeait à les maintenir; ces réformes, tout le monde était d'accord pour les opérer. Jamais, à aucune époque ni dans aucun pays, on n'avait vu, de la part d'un gouvernement ou d'un ordre politique, autant de générosité et de bonne volonté pour la transformation pacifique d'un état social. On y apportait même un enthousiasme irréfléchi, témoin cette nuit du 4 août, où noblesse et clergé allaient sacrifier leurs privilèges sans restriction, sans aucune réserve des droits acquis, et au risque de blesser, par là même, au détriment de tiers intéressés dans la question, la justice et l'équité. Mais bien auparavant et en dehors de toute pression des événements ultérieurs, les ordres, jusqu'alors privilégiés, avaient spontanément et solennellement renoncé à toute exemption en fait d'impôts et de contribution aux charges publiques (1). Le clergé, en particulier, eu

(1) Assemblée des notables, *déclaration du roi au mois d'avril* 1787. — *Résumé des cahiers*, par Prudhomme, t. Ier, clergé, p. 197 et suiv.; t. II, noblesse, p. 182 et suiv.

égard « aux besoins de l'État, qui est la suprême loi », avait réclamé la participation proportionnelle de tous les citoyens, dans la plus exacte égalité, et sans aucune exception quelconque, à toutes les charges pécuniaires; un seul et même régime de perception de l'impôt pour les trois ordres; la modification, le rachat ou la suppression totale de la taille, des corvées, des droits d'aides et gabelles (1). A l'abandon de privilèges, justifiés jusqu'alors par les charges qui lui incombaient pour l'enseignement, pour l'entretien des églises et des hospices, plusieurs de ses cahiers ajoutaient le vœu que la classe des journaliers fût affranchie de tout impôt, et que jamais, sous prétexte de retard, le pauvre de la ville et de la campagne ne pût être dépouillé des meubles, ustensiles et outils qui lui sont nécessaires pour gagner sa vie et faire subsister sa famille (2).

Même accord, j'oserais presque dire même unanimité sur la plupart des autres réformes estimées nécessaires à la veille de 1789. Périodicité triennale ou quinquennale des États généraux; consentement indispensable des représentants de la nation à l'établissement d'un impôt quelconque; le pouvoir législatif partagé entre le roi et la nation, et le pouvoir exécutif réservé au roi dans toute sa plénitude, un code de lois uniforme pour tout le royaume;

(1) *Résumé des cahiers*, finances, § 4; agriculture, § 5.
(2) *Ibid.*, pp. 209 et 204.

les barrières de douane reculées jusqu'aux frontières du pays, au lieu de séparer une province de l'autre; des États provinciaux formés sur le plan des États généraux et seuls chargés de l'administration de la province, excepté la puissance exécutrice; les tribunaux se bornant aux seules fonctions judiciaires sans usurpation du pouvoir législatif; la liberté individuelle de tous les citoyens placée sous la sauvegarde de la loi, à l'exclusion des lettres de cachet et de tout ordre d'arrêt arbitraire; accessibilité des honneurs, grades et dignités à tous suivant le mérite et la valeur de chacun : voilà ce que tout le monde demandait, et ce que personne ne refusait, pas plus le roi qu'aucun des trois ordres de l'État. Sans doute, l'on pouvait discuter ces divers points, aller même plus avant dans la voie des améliorations, établir la permanence de la représentation nationale, partagée en deux Chambres ou réunie en une seule. Mais, dans quelque mesure que l'on voulût donner satisfaction aux vœux des cahiers, il n'était pas nécessaire devant un accord à peu près général, d'ouvrir une tragédie sanglante de dix ans suivie depuis lors de bouleversements périodiques, sans autre profit que de remettre en question tous les quinze ou dix-huit ans la fortune de la France.

Aussi n'est-ce pas sans un sentiment de profond regret que tout patriote sincère peut et doit se poser cette question : que serait aujourd'hui la France si le mouvement réformateur de 1789, tel que l'indiquaient les cahiers dans ses grandes lignes, avait suivi son cours normal et régulier, au lieu de faire place à la Révolution en permanence; si les institutions traditionnelles, rajeunies et fortifiées, s'étaient développées progressivement, selon les besoins et les intérêts du pays; si, au lieu d'osciller depuis cent ans entre la dictature et l'anarchie, le pouvoir s'était maintenu dans le juste équilibre où le vœu général tendait à le placer; si, en économisant dix révolutions et trente années de guerres glorieuses, je le veux bien, mais absolument stériles, la nation française avait su mettre à profit les merveilleuses ressources que la Providence s'est plu à lui ménager. Il n'est pas un homme doué de sens politique qui hésiterait à dire avec nous que si le mouvement réformateur de 1789 s'était opéré dans de telles conditions, la France aurait donné le ton à toute l'Europe chrétienne et qu'elle serait aujourd'hui à la tête du monde entier.

Mais laissons là ce rêve devant la plus triste des réalités. Ce qu'il importe de retenir au début de cette étude comme un fait hors de tout conteste, c'est que les réformes civiles et politiques, j'entends les réformes utiles, sérieuses, légitimes, accomplies en 1789 et depuis cette époque-là, n'ont absolument rien de commun avec la Révolution française. Les cahiers du clergé, de la noblesse et du Tiers-État sont là pour démontrer que toutes ces réformes se seraient opérées sans la Révolution, plus sagement, plus sûrement, plus efficacement.

Car il n'en est pas une seule que la Révolution n'ait ou retardée ou compromise, ou rendue impossible pour longtemps sinon à jamais. Nous pouvons en juger par la situation où nous nous trouvons, à cent ans de là, en face de questions fondamentales dont aucune n'a reçu de solution définitive. Que l'on ne vienne donc pas nous parler d'améliorations attendues et désirées en 1789, dans l'ordre civil et politique : la Révolution française n'est rien de tout cela; elle est tout autre chose; elle est une doctrine et une doctrine radicale, une doctrine qui est l'antithèse absolue du christianisme : de là sa fausseté manifeste, comme aussi je n'hésite pas à le reconnaître, l'importance de son rôle et de son action dans l'histoire du genre humain.

II

LA RÉVOLUTION FRANÇAISE ET LE CHRISTIANISME

La Révolution française est l'application du rationalisme à l'ordre civil, politique et social : voilà son caractère doctrinal, le trait qui la distingue de tous les autres changements survenus dans l'histoire des États. Car, on ne saurait trop le répéter, ce serait s'arrêter à la surface des choses, que d'y voir une simple question de dynastie, ou de forme de gouvernement, de droits à étendre ou à restreindre pour telle ou telle catégorie de citoyens. Il y a là toute une conception nouvelle de la société humaine envisagée dans son origine, dans sa constitution et dans ses fins.

Il ne serait même pas exact de vouloir réduire à une attaque fondamentale contre l'Église catholique l'œuvre commencée par la Constituante, poursuivie par la Législative et la Convention. Assurément la destruction du catholicisme en France, par la constitution civile du clergé d'abord, par la persécution violente, dans la suite, n'a cessé d'être le principal objectif des chefs de la Révolution. Protestants et jansénistes les ont servis de leur mieux par leurs haines communes contre l'Église et la royauté. Mais si tout s'était réduit à faire triompher le schisme et l'hérésie, le mouvement antireligieux du dix-huitième siècle n'eût pas différé sensiblement de celui du seizième ; or, bien que la Réforme lui ait préparé la voie, en attaquant le principe d'autorité sous sa forme la plus élevée, la Révolution française a été bien autrement radicale dans ses négations. De là vient, comme nous le montrerons plus loin, que les États protestants eux-mêmes sont demeurés plus ou moins réfractaires à ses théories.

Non, ce n'est pas seulement l'Église catholique, sa hiérarchie et ses institutions, que la Révolution française entend bannir de l'ordre civil, politique et social. Son principe comme son but, c'est d'en éliminer le christianisme tout entier, la révélation divine et l'ordre surnaturel, pour s'en tenir uniquement à ce que ses théoriciens appellent les données de la nature et de la raison. Lisez la « Déclaration des droits de l'homme » soit de 89, soit de 93, voyez quelle idée l'on se forme, à ce moment-là, des pouvoirs publics, de la famille, du mariage, de l'enseignement, de la justice et des lois : à lire tous ces documents, à voir toutes ces institutions nouvelles, on dirait que pour cette nation chrétienne depuis quatorze siècles, le christianisme n'a jamais existé et qu'il n'y a pas lieu d'en tenir le moindre compte. Attributions du clergé en tant que corps politique, privilèges à restreindre ou à supprimer, tout cela est d'intérêt secondaire. C'est le règne social de Jésus-Christ qu'il s'agit de détruire et d'effacer jusqu'au moindre vestige. La Révolution, c'est la société déchristianisée; c'est le Christ refoulé au fond de la conscience individuelle, banni de tout ce qui est public, de tout ce qui est social; banni de l'État, qui ne cherche plus dans son autorité la consécration de la sienne propre; banni des lois, dont sa loi n'est plus la règle souveraine; banni de la famille, constituée en dehors de sa bénédiction; banni de l'école, où son enseignement n'est plus l'âme de l'éducation; banni de la science, où il n'obtient plus pour tout hommage qu'une sorte de neutralité non moins injurieuse que la contradiction; banni de partout, si ce n'est peut-être d'un coin de l'âme où l'on consent à lui laisser un reste de domination. La Révolution, c'est la nation chrétienne débaptisée, répudiant sa foi historique, traditionnelle, et cherchant à se reconstruire, en dehors de l'Évangile, sur les bases de la raison pure, devenue la source unique du droit et la seule règle du devoir. Une société n'ayant plus d'autre guide que les lumières naturelles de l'intelligence, isolées de la Révélation, ni d'autre fin que le bien-être de l'homme en ce monde, abstraction faite de ses fins supérieures, divines, voilà dans son idée essentielle, fondamentale, la doctrine de la Révolution.

Or qu'est-ce que cela, sinon le rationalisme appliqué à l'ordre social, rationalisme déiste ou athée? Car, depuis son origine jusqu'à nos jours, la Révolution française n'a cessé d'osciller entre ces deux termes, allant du déisme de Voltaire et de Rousseau à l'athéisme de Diderot et d'Helvétius, mais toujours constante dans son dessein de déchristianiser un ordre social où le Christ avait régné pendant quatorze siècles. La haine du surnaturel restera son trait caractéristique. Au début, elle semble vouloir respecter certaines vérités dans lesquelles la philosophie du dix-huitième siècle résumait la religion naturelle, telles que l'existence de Dieu et l'immortalité de l'âme. Le déisme importé d'Angleterre selon la formule de Bolingbrocke, Collins, Toland, Tindal, paraît devenu le programme officiel. C'est en présence de l'Être suprême que les constituants de 1789 promulguent la « Déclaration des droits de l'homme ». Mais ce document même explique, mieux que toute autre chose, avec quelle facilité et par quel enchaînement rigoureux de faits et d'idées on allait passer du rationalisme déiste au rationalisme athée. Tant il est vrai que dans un pays où la logique exerce un si grand empire, on s'arrête difficilement à moitié chemin, du moment qu'on déserte la tradition pour se lancer dans l'inconnu!

C'est en présence de l'Être suprême que les constituants de 1789 font leur déclaration de principes. Fort bien! Mais cette mention de Dieu en tête de leur profession de foi est-elle autre chose qu'un hors-d'œuvre? A-t-elle la moindre influence sur l'ensemble de leurs doctrines politiques et sociales? Est-ce en Dieu qu'ils cherchent le principe et la source de l'autorité? Nullement : c'est dans l'homme, et dans l'homme seul. La loi est-elle pour eux l'expression de la raison et de la volonté divines déterminant et ordonnant ce qu'il faut faire et ce que l'on doit éviter? Pas le moins du monde. La loi est pour eux l'expression de la volonté générale, d'une collectivité d'hommes qui décident en dernier ressort et sans recours possible à aucune autre autorité, de ce qui est juste ou injuste. Existe-t-il, à leurs yeux, des vérités souveraines, des droits antérieurs et supérieurs à toute convention positive, de telle sorte que tout ce qui se ferait à l'encontre serait nul de plein droit et non avenu? Ils n'ont même pas l'air de soupçonner l'existence de ce principe en dehors duquel tout est livré à l'arbitraire et au caprice d'une majorité. Si le peuple est souverain, y a-t-il au moins des limites à cette souveraineté dans des lois que Dieu, législateur suprême, impose à toute société? Pas un mot indiquant qu'une déclaration des droits de l'homme implique nécessairement une déclaration corrélative de ses devoirs. Dans le système philosophique des constituants de 1789, qui est la vraie doctrine de la Révolution française, tout part de l'homme et revient à l'homme, sans aucun égard à une loi divine quelconque. La nature et la raison humaine sont l'unique source et la seule mesure du pouvoir, du droit et de la

justice. C'est par suite et en vertu d'un contrat
d'intérêts que les hommes se réunissent en
société, font des lois, s'obligent envers eux-
mêmes, sans chercher en dehors ni au-dessus
d'eux le principe de l'autorité et le lien de
l'obligation. Plus de droit divin d'aucune sorte;
la justice est humaine, toute humaine, rien
qu'humaine. Peu importe, par conséquent,
qu'on laisse le nom de l'Être suprême au
frontispice de l'œuvre comme un décor ou un
trompe l'œil : en réalité, l'homme a pris la
place de Dieu, et la conséquence logique de
tout le système est l'athéisme politique et
social.

Il ne s'agira donc plus seulement pour la
Révolution française de détruire l'État chré-
tien, la famille chrétienne, le mariage chré-
tien, la justice chrétienne, l'enseignement
chrétien. Non, ce qu'elle se verra conduite
à vouloir établir, par la logique de son prin-
cipe, c'est l'État sans Dieu, la famille sans
Dieu, le mariage sans Dieu, l'école sans Dieu,
le prétoire sans Dieu, l'armée sans Dieu, c'est-
à-dire l'idée même de Dieu bannie de toutes
les lois et de toutes les institutions. Est-
ce que j'exagère le moins du monde? Est-ce
que, à cent ans de 1789, nous ne retrouvons
pas exactement les mêmes formules dans la
bouche et sous la plume de tous ceux qui
se réclament des plus pures traditions de la
Révolution? Ne sont-elles pas près de passer,
si ce n'est déjà fait, dans le droit public et
dans la pratique quotidienne des choses? On

s'étonne parfois que des hommes de gouvernement cherchent à les appliquer avec tant d'opiniâtreté, au risque de nuire à leurs propres intérêts et de soulever contre eux une bonne partie de l'opinion publique. Mais c'est qu'il est très difficile de se soustraire aux conséquences, tant qu'on retient le principe. Substituer l'homme à Dieu comme principe de la souveraineté, c'était proclamer l'athéisme légal ; dès lors, par une suite toute naturelle, cet athéisme officiel ne pouvait manquer d'imprimer sa marque à toutes les manifestations de la vie publique. C'est le triste spectacle que nous avons sous les yeux ; et, pour en être surpris, il faudrait ne pas se rendre un compte exact de ce qu'il y au fond du mouvement révolutionnaire de 1789.

Car, on voudra bien le remarquer, ce n'est pas dans les excès ni dans les crimes de 1793 que nous cherchons le caractère doctrinal de la Révolution française. Certes, ces épouvantables forfaits ont une relation directe avec les vœux que formait Diderot :

> Et ses mains, ourdissant les entrailles du prêtre,
> En feraient un cordon pour le dernier des rois (1).

Sous l'excitation d'un demi-siècle de diatribes furieuses et de calomnies atroces, on vit surgir en France une bande de scélérats tels qu'il ne s'en était jamais vu sur la scène du monde. Auprès des forcenés dont je ne veux même

______

(1) Diderot, *les Éleuthéromanes.*

pas citer les noms, les Césars païens les plus
cruels pouvaient passer pour des hommes
modérés; et c'est avec raison que Macaulay
a pu appeler ces massacres à froid « le plus
horrible événement que raconte l'histoire ».
Tant il est vrai que l'idée de Dieu une fois
disparue, il fait nuit dans l'âme humaine, et
qu'on peut y prendre au hasard le vice pour
la vertu, et le crime pour la légalité! Mais
laissons là ces pages sanglantes pour aller au
fond des doctrines. Ce n'est pas en 1793, mais
bien en 1789 que la France a reçu la blessure
profonde dont elle souffre depuis lors, et qui
pourra causer sa mort si une réaction forte
et vigoureuse ne parvient pas à la ramener
dans les voies d'une guérison complète. C'est
en 1789 qu'en renonçant à la notion de peuple
chrétien pour appliquer à l'ordre social le
rationalisme déiste ou athée, ses représen-
tants ont donné au monde le lamentable
spectacle d'une apostasie nationale jusqu'alors
sans exemple dans les pays catholiques. C'est
en 1789 qu'a été accompli, dans l'ordre social,
un véritable déicide, analogue à celui qu'avait
commis, sur la personne de l'Homme-Dieu,
dix-sept siècles auparavant, le peuple juif, dont
la mission historique offre plus d'un trait de
ressemblance avec celle du peuple français. A
cent ans de distance le cri : « Écrasons
l'infâme » a trouvé son écho dans cet autre
cri, expression plus dissimulée, mais non moins
fidèle de la même idée : « Le cléricalisme,
voilà l'ennemi! »

III

LA RÉVOLUTION FRANÇAISE ET L'EUROPE CHRÉTIENNE

Faut-il s'étonner que, avec un tel programme, la Révolution française ait fini par soulever contre elle toute l'Europe chrétienne? Car, il serait puéril de vouloir se le dissimuler, à l'heure présente, il n'est pas un État civilisé qui admette les principes de cette prétendue régénération du genre humain. Je sais fort bien que l'on se plaît à dire le contraire, et, pendant toute une année, nous allons entendre proclamer dans des harangues pompeuses que la Révolution française a fait le tour du monde et que ses idées règnent en souveraines sur les peuples désormais acquis à sa doctrine. On peut se passer le plaisir facile de croire ces choses, et plus encore de les dire; mais ce n'en est pas moins là une pure fantaisie, et il n'y a pas d'éloquence qui tienne devant les faits. La vérité est que, plus l'on s'éloigne de 1789, moins les nations européennes se montrent disposées à sacrifier leurs traditions pour la raison pure, et à faire de l'athéisme la base de leur état social.

Qu'on ait pu s'y tromper à l'origine, et que, en effet, l'on se soit fait illusion, dans certaines parties de l'Europe, sur la véritable portée des événements accomplis en France, je suis loin de vouloir le contester. Personne n'ignore l'engouement, passager sans doute, mais réel, qui en fut la suite, surtout au sein des universités allemandes. Les mots de liberté et d'indépendance, alors même qu'ils ne servent qu'à couvrir le despotisme, ne retentissent jamais dans le monde, sans y produire une vive impression. Mais c'est encore ici qu'il importe de distinguer avec soin entre le mouvement réformateur, et le mouvement révolutionnaire de 1789. Je ne saurais trop insister sur cette différence fondamentale, sans laquelle on ne fait qu'entasser des sophismes et amasser des ténèbres. Oui, c'était un noble spectacle pour l'Europe entière, que de voir une nation à peu près unanime à réformer les abus qui s'étaient glissés dans son sein à la suite de longs siècles d'histoire, cherchant à introduire plus de justice et d'équité dans les charges et les relations sociales. Ces réformes, que nous avons énumérées plus haut, ces réformes légitimes ont exercé une influence salutaire sur les peuples étrangers, et c'est l'honneur de la France d'en avoir donné l'exemple. Si c'est là ce que l'on veut célébrer, nous serons tous d'accord. Mais quant à l'idée révolutionnaire de faire table rase du passé, pour reconstruire à neuf l'édifice social, en dehors de la religion chrétienne et même de tout principe religieux, loin d'avoir fait le tour du monde, elle a rencontré dès le début, comme elle rencontre encore, et de plus en plus, une vive résistance chez toutes les nations européennes.

Pour peu que l'on y tienne, nous ferons volontiers une exception pour la franc-maçonnerie et pour les sociétés secrètes, pour tous ceux qui, à l'étranger comme en France, rêvaient et rêvent encore la destruction du christianisme et de toute idée religieuse. Il n'est pas étonnant que la Révolution française ait eu et conserve toutes leurs sympathies. N'est-elle pas, en grande partie, leur œuvre? Après les travaux historiques de ces dernières années, il n'est plus permis d'ignorer la parfaite identité des formules de 1789 avec les plans élaborés dans la secte des illuminés, dont Weishaupt et Knigge étaient les promoteurs, et tout particulièrement au Congrès général des loges maçonniques tenu à Wilhemsbad, en 1780 (1). On ne saurait oublier, d'ailleurs, avec quel empressement accoururent à Paris, pour prendre une part active à tous les événements, le Suisse Pache, l'Anglais Payne, le Prussien Clootz, l'Espagnol Guzman, le Neufchâtelois Marat, l'Américain Fournier,

(1) Mémoire remis au Congrès de Vérone par le ministre prussien Haugwitz : « C'est en 1777 que je me chargeai de la direction des loges de Prusse, de Pologne et de Russie. J'y ai acquis la ferme conviction que tout ce qui est arrivé en France depuis 1788, la Révolution française, enfin, y compris l'assassinat du roi avec toutes ses horreurs, non seulement avait été décidé dans ce temps, mais que tout avait été préparé par des réunions, des instructions, des serments et des signaux qui ne laissent aucun doute sur l'intelligence qui a tout médité et tout conduit. » (*Histoire et documents sur la franc-maçonnerie*, par le docteur Eckert.)

l'Autrichien Frey, les Belges Proly et Dubuisson, un prince de Hesse, des Polonais, des Italiens, des Bataves et des transfuges de tous les pays, dont la Révolution accepta les services et fit la fortune.

L'élément étranger a donc eu sa grande part dans le mouvement révolutionnaire de 1789, comme il a continué depuis lors à y être largement représenté. Ce n'est pas là néanmoins qu'il faut chercher le véritable sentiment des nations européennes sur la Révolution française. Au-dessus des adeptes de la franc-maçonnerie et des sociétés secrètes, il y a les souverains et les peuples. Or il suffit d'une simple comparaison pour se convaincre qu'il existe une contradiction absolue entre l'idée fondamentale de la Révolution française et le plan d'après lequel les États européens poursuivent leur développement historique. Voilà pourquoi je disais tout à l'heure que, dans les prochains discours, dont nous avons déjà entendu l'exorde, à Vizille, au mois de juillet dernier, on pourra se donner une satisfaction très innocente, mais dénuée de toute espèce de fondement, en voulant prétendre que la Révolution a fait le tour du monde.

Ce n'est pas qu'elle n'en ait eu l'ardent désir. Car, au fond, dût-on traiter de paradoxe ce qui me paraît l'évidence même, il n'y a rien de moins français que la Révolution française, et, la meilleure preuve de ce que j'avance, c'est qu'elle-même a l'ambition d'être tout autre chose : ce n'est pas à la France qu'elle

s'adresse, mais au genre humain tout entier;
elle déclare les droits de l'homme, et non pas
ceux du citoyen français; elle aspire au rôle de
Messie politique. « Vous êtes appelés à recom-
mencer l'histoire », s'écriait Barrère au mo-
ment où les États généraux se réunissaient à
Versailles (1). — « Élevons-nous, écrivait
Sieyès, à la fin de 1788, élevons-nous tout d'un
coup à l'ambition de vouloir nous-mêmes servir
d'exemple aux nations (2). » — « La Révolu-
tion, disait Thuriot en 1792, n'est pas seule-
ment pour la France; nous en sommes comp-
tables à l'humanité (3). » Partant de là, les
révolutionnaires du siècle dernier conçoivent,
à la place du Français réel, historique, marqué
au coin de sa race, avec son caractère et les
qualités qui lui sont propres, un être idéal et
abstrait, qui n'a jamais existé et qui n'existera
jamais nulle part, l'homme de la nature et de
la raison, en dehors de toute particularité de
temps, de lieux, de personnes. C'est pour cette
abstraction qu'ils légifèrent sans tenir compte
ni de l'intérêt national ni des droits histori-
ques. Ne sont-ils pas comptables de leurs
actes à l'humanité et à elle seule? Il est à
peine besoin de faire ressortir tout ce qu'il y
avait d'absurde dans cette prétention de légi-
férer pour une nation comme la France,
monarchique dans ses traditions, ses mœurs,
son langage, son génie, et jusque dans la

(1) *Le Point du jour*, nº 1.
(2) *Qu'est-ce que le tiers-état?* Ch. IV.
(3) Discours du 17 août 1792 à l'Assemblée législative.

moelle de ses os, comme pour une peuplade d'émigrants en Californie. Cette absurdité, nous l'avons payée au prix de dix révolutions successives, faute de pouvoir rentrer dans la voie historique et traditionnelle d'où nous sommes sortis. Mais laissons là cette observation dont la justesse saute aux yeux. Ce que nous voulons constater pour le moment, c'est que les théories par où se distingue la Révolution française n'ont trouvé de crédit chez aucune des nations qui font figure dans le monde.

Et, en effet, toutes, sans exception, font absolument le contraire de ce qu'enseigne la Révolution française. C'est dans le sens de l'histoire et de la tradition nationales, que chacune d'elles dirige ses efforts pour se fortifier et se développer. A l'inverse de la France si acharnée à détruire de ses propres mains les éléments de sa grandeur, l'Angleterre est restée fidèle à ses institutions civiles et politiques, tout en cherchant à les améliorer progressivement; et son plus grand soin est de rattacher le présent au passé pour assurer l'avenir. Je ne parle pas de la Russie : ce n'est, certes, pas elle qui songerait jamais à passer l'éponge sur son passé pour « recommencer l'histoire ». On ferait sourire un homme d'État allemand ou autrichien, si on lui proposait de détruire de fond en comble la constitution de son pays, d'après le *Contrat social* de Rousseau. Il n'est pas un politique sérieux qui ne comprenne que les lois et les institutions doivent être faites en Suède, pour les Suédois, en Espagne et en Portugal, pour les Espagnols et les Portugais, et non pour un être de raison qui n'est d'aucun temps ni d'aucun pays. Est-ce du moins, en Suisse et aux États-Unis, que l'on songerait à remplacer les droits historiques par de prétendus droits rationnels, contestables et toujours contestés? Pas le moins du monde : rien de plus conforme à leur histoire que la constitution des cantons suisses, rien de plus américain que le système fédératif des États-Unis. Bref, l'idée fondamentale du mouvement révolutionnaire de 1789, qui est d'écarter la tradition pour établir l'ordre social sur la raison pure, n'a prévalu nulle part. La France reste absolument isolée dans cette tentative réputée partout ailleurs un suicide et une folie.

Aussi n'y a-t-il pas lieu d'être surpris de la répugnance des nations européennes à venir célébrer le centenaire de 1789. Ce refus ne s'adresse nullement à la France, à cette nation brave et chevaleresque, qui, malgré les événements du dernier quart de ce siècle, conserve les sympathies du monde entier, partout où la force ne prime pas le droit. Il s'adresse à l'idée révolutionnaire dont l'Europe chrétienne s'éloigne de plus en plus. S'il ne s'était agi que de rendre hommage aux réformes civiles, politiques et sociales dont la royauté avait pris l'initiative et qui étaient dans le vœu général de la nation, comme elles répondaient aux intérêts et aux besoins de toute une époque, on aurait eu peine à s'expliquer un iso-

lement que rien n'eût justifié. Mais c'est la
Révolution que l'on entend glorifier, la déchris-
tianisation de l'État, l'athéisme appliqué à
l'ordre social. Voilà ce qui soulève la cons-
cience publique dans l'Europe entière, sauf les
clubs révolutionnaires et les sociétés secrètes.
A l'encontre de l'État sans Dieu, la notion de
peuple chrétien, de nation chrétienne est restée
debout d'une extrémité du monde civilisé à
l'autre.

En veut-on un exemple? Je ne le choisirai
point parmi les anciennes monarchies de l'Eu-
rope, mais dans la seule république qui existe
depuis plus de vingt années sur notre conti-
nent : la Suisse. Qu'on juge par là si les États
protestants eux-mêmes sont près d'appliquer à
l'ordre social le rationalisme déiste ou athée, à
l'instar de la Révolution française :

« La Suisse, notre chère patrie, va offrir un
spectacle qui ne saurait laisser personne indif-
férent : celui d'un peuple recueilli dans le
temple du Dieu qu'il adore, et auquel il vient
offrir ses actions de grâces, ses prières, son
humiliation.

« La cloche du modeste village unira sa voix
à l'appel plus retentissant qui, des hautes tours
de nos cathédrales, va convier la nation entière
à cette fête solennelle.

« Vos magistrats, en se faisant l'écho des
sentiments qui nous animent ou qu'ils désirent
vous voir partager avec eux, n'obéissent pas
seulement au devoir imposé par une longue et
respectable tradition. Ils le savent : la justice

élève une nation, le péché est la honte des peuples; l'ordre et la prospérité sont impossibles sans la crainte de Dieu. Ils ont foi en Dieu qui, jusqu'à ce jour, a protégé notre pays, et ils vous invitent à lui témoigner votre reconnaissance pour ses bienfaits sans cesse renouvelés.

« Si quelques esprits égarés osent réclamer le divorce entre la religion et la société, essaient de chasser Dieu de la vie publique et de la vie privée, des hôpitaux, du foyer domestique, de l'école, des temples même, notre peuple comprend que, sans l'appui du Dieu fort et sans la foi solide, le progrès social est une œuvre imparfaite.

« Il entend être un peuple chrétien, parce qu'il est un peuple libre et veut le demeurer. Il sait qu'à la vigueur religieuse d'une nation on mesure sa vitalité et sa vraie valeur.

« Nous opposerons au flct montant de l'incrédulité et de la corruption la puissance qui rend les peuples virils. Hommes de foi, nous serons les ennemis du scepticisme qui énerve et du matérialisme qui dégrade (1). »

(1) Proclamation du conseil d'État du canton de Vaud, à l'occasion du jeûne fédéral, 1888.

A cette profession de foi publique, si contraire aux idées de la Révolution française, nous pourrions ajouter la proclamation du président des États-Unis datée du 1er novembre dernier : « Le peuple américain doit rendre au Dieu tout-puissant de constantes actions de grâces pour la bonté et la miséricorde qu'il lui a manifestées depuis le jour qu'il en a formé une nation et lui a donné un gouvernement libre. Avec une paternelle bonté, il nous a toujours conduits dans les voies de la prospérité et de la grandeur. Il n'a pas châtié nos fautes avec promptitude, mais avec

La Suisse entend rester une nation chrétienne, comme l'Autriche, l'Angleterre, l'Allemagne, la Russie, l'Espagne, comme l'Europe entière. Détruire la notion de l'État chrétien pour y substituer une conception de l'État purement rationnelle, telle est, au contraire, l'idée capitale de la Révolution française. Et l'on s'étonne que le monde chrétien refuse de venir célébrer, à Paris, le centenaire de 1789!

une douce tendresse, il nous a avertis que nous devions lui être soumis, ne pas abuser de sa patience, et nous a appris que l'obéissance à sa loi sainte est le gage de la continuation de ses dons précieux. »

IV

LA RÉVOLUTION FRANÇAISE ET LA LIBERTÉ

Le principe des libertés nationales était posé dans cette maxime fondamentale de l'État français : *Lex fit consensu populi et constitutione regis.* « Consentement de la nation et décret du prince », voilà l'antique formule du pouvoir *législatif* en France, depuis l'établissement de la monarchie. Champs de mai, et champs de mars, plaids, capitulaires, établissements, ordonnances, les formes et les conditions de ce double concours avaient pu varier avec le temps, mais le principe était resté le même. C'est pour l'avoir perdu de vue que la royauté était arrivée à l'absolutisme, croyant trouver une force dans ce qui n'était qu'une faiblesse. Faute immense et que n'ont pu couvrir ni le prestige d'un grand pouvoir ni l'éclat des services rendus ! Mais c'est précisément dans le but de la réparer que s'était opéré, d'un accord unanime, le mouvement réformateur de 1789. Revenir à la forme traditionnelle, aux principes constitutifs de l'État français, au concours nécessaire du roi et de la nation dans la confection des lois et dans la gestion des intérêts publics, c'est l'idée qui ressort de tout l'ensemble des cahiers : on y voyait, et à bon droit, le fondement et la garantie des libertés nationales.

Même vœu pour les trois ordres de libertés qui forment la suite et le complément des libertés nationales : libertés provinciales, libertés municipales, libertés individuelles. Pendant de longs siècles, l'histoire de France avait été la formation lente et progressive, le développement continu de ces libertés publiques, auxquelles se mesurent les vrais progrès de la civilisation, tant qu'elles ne dégénèrent pas en abus. Car on ne saurait appeler libre un pays où le pouvoir central absorberait tellement la province, le département et la commune, qu'il n'y aurait plus pour ces groupements historiques, pour ces organismes intermédiaires, ni vie ni mouvement propre. Voilà pourquoi, au lieu de se payer de fictions, la nation française, avec son sens droit et pratique, avait toujours attaché un si grand prix au maintien de ses franchises provinciales et municipales. Il faut bien le reconnaître, après avoir tant contribué au développement de ces libertés, les plus importantes de toutes, la royauté, à partir de Louis XI, s'était appliquée sinon à les détruire du moins à les restreindre considérablement. Faute analogue à celle qui, à partir de 1614, lui avait fait supprimer le consentement de la nation au décret du prince, contrairement à la maxime fondamentale de l'État français. Conseil du roi d'où part et où vient aboutir le mouvement qui se communique à tout; contrôleur général attirant à lui l'administration publique presque tout entière; intendants et subdélégués — aujourd'hui préfets et sous-préfets — substituant peu à peu leur autorité à celle des corps électifs; et pour achever le tout, mise en offices, c'est-à-dire en vente, des fonctions municipales, à partir de 1692 : voilà tout un mécanisme gouvernemental et administratif où les libertés locales avaient fini par être resserrées comme dans un étau; de telle sorte que l'on a pu dire avec raison que la centralisation excessive dont nous souffrons en France, au grand détriment des intérêts du pays, est pour une notable partie le fruit de l'ancien régime (1).

Mais je répéterai, pour les libertés provinciales et municipales, l'observation que je faisais tout à l'heure au sujet des libertés nationales. C'est à les rétablir dans leur intégrité que tendait le mouvement réformateur de 1789. Il n'y a pas de vœu plus formellement exprimé dans les cahiers : « Les États provinciaux seront seuls chargés de l'administration totale et partielle de la province, tous les objets qui regardent la puissance exécutrice exceptés; la libre élection de tous les officiers municipaux sera entièrement remise aux villes et communautés du royaume, ainsi que l'entière disposition des revenus des communes, sans qu'il soit permis en aucun cas aux

(1) *L'Ancien régime et la Révolution*, par M. de Tocqueville, chap. III et suiv.

commissaires départis ni à aucun ministre, de se mêler directement ou indirectement de ladite administration. » Voilà l'idée générale qui se dégage de l'ensemble des vœux formulés par la nation française en 1789; et, à bon droit, car l'absorption par le pouvoir central des pouvoirs rayonnant sur la circonférence est tout juste l'antithèse de la liberté (1).

Or cette absorption est dans l'essence même de la Révolution française. Non seulement elle n'a pas réagi, comme on le demandait à la veille de 1789, contre la centralisation des pouvoirs, déjà excessive sous l'ancien régime; mais elle l'a poussée à ses dernières limites. Faire revivre la théorie païenne de l'omnipotence de l'État incarné dans une majorité numérique au mépris de toutes libertés provinciales ou municipales : voilà son œuvre. Entre l'État et l'individu, elle ne conçoit ni corps autonomes, ni organismes intermédiaires, ni associations indépendantes : tout cela l'offusque, la gêne, la contrarie dans ses tendances absolutistes. Si, après avoir détruit la province, elle crée le département et laisse subsister la commune, c'est à la condition de passer le niveau sur tous les droits historiques et de faire prédominer une seule et même volonté d'une extrémité de la France à l'autre. Cette volonté unique, prince ou assemblée, intervient souverainement sous le nom d'État,

_____

(1) *Résumé des cahiers*; États provinciaux. — Municipalités.

dans les affaires du département et de la commune, pour y régl r et absorber toutes choses : administration, finances, éducation. Toute collectivité civile ou politique devient un mineur incapable de se mouvoir par lui-même et perpétuellement placé sous la tutelle de l'État, qui ne lui permet ni de dépenser un centime ni de déplacer une pierre d'un édifice public sans son autorisation ou contre sa volonté. On pourra qualifier un pareil système comme on le voudra, mais y associer le mot de liberté, c'est un abus de langage intolérable.

J'entends bien les doctrinaires de la Révolution française déclarer solennellement que « tous les hommes naissent et demeurent libres ». Mais c'est là une vaine déclamation qui ne tient pas devant l'idée révolutionnaire de la toute-puissance de l'État. On n'est pas libre, quand, de quelque côté que l'on se tourne, on vient se heurter à ce pouvoir omnipotent qui prétend ne rien laisser en dehors de sa sphère d'action. Un individu n'est pas libre, quand il n'a même pas la faculté de disposer de ses biens suivant sa conscience et au mieux de ses intérêts. Un père de famille n'est pas libre, quand c'est l'État qui lui impose le genre d'éducation qu'il devra donner à ses enfants, contrairement à ses convictions religieuses. Une commune n'est pas libre, quand son administration tout entière est subordonnée au bon plaisir d'un agent du pouvoir central, préfet ou autre, et que le chef de la municipalité n'a pas même le droit de nommer ou de révoquer un garde champêtre. Une fabrique n'est pas libre, lorsque, pour accepter une simple fondation de messe, elle a besoin de l'autorisation du conseil d'État qui peut l'accorder ou la refuser à son gré. Il serait facile de parcourir ainsi, de haut en bas, toute l'échelle sociale, telle qu'elle a été construite par la Révolution française, pour montrer qu'il n'y a de vraie liberté à aucun de ses degrés. 1789 a fait litière de toutes les libertés locales, pour concentrer dans les mains de l'État le pouvoir le plus absolu qu'il soit possible d'imaginer dans un pays civilisé.

On ne manquera pas de dire que dans l'esprit de la Révolution française ce pouvoir colossal ne doit pas être exercé par un seul, mais par une Assemblée issue du suffrage universel. Peu importe, du moment que l'État, sous une forme ou sous une autre, absorbe tout le reste. Peu importe, pour la cause des libertés publiques, que ce soit par la volonté d'un seul homme, empereur ou consul, ou par celle d'une Assemblée, que les communes ne possèdent plus aucune espèce de droit sur leurs écoles, et que, ministres ou préfets leur imposent d'office, comme aux départements, des dépenses exorbitantes pour la création d'établissements dont elles ne voudraient à aucun prix. Une centralisation despotique peut détruire la liberté d'une façon comme de l'autre; et même elle l'étouffe avec d'autant plus de facilité, que l'arbitraire part d'une Assemblée, c'est-à-dire d'une majorité anonyme et impersonnelle écrasant les minorités sous la supériorité du nombre, et dans laquelle nul ne se tient pour responsable de ce qui est censé l'œuvre de tous. En tout cas, deux choses demeurent incontestables : la mainmise de l'État sur tous les pouvoirs et corps électifs est l'un des traits caractéristiques de la Révolution française, et cette mainmise universelle est le contraire de la liberté, ou les mots n'ont plus de sens. Voilà pourquoi Mme de Staël a pu dire, avec infiniment de raison, qu'en France la liberté est vieille et le despotisme nouveau.

Ne pouvant soutenir sérieusement et contre toute évidence que la Révolution française a été favorable au développement des libertés provinciales, départementales et communales, ses partisans se rabattent volontiers sur les libertés individuelles, et en particulier sur la liberté de conscience ou la liberté religieuse. Or, il est à peine besoin de rappeler que la royauté n'avait pas attendu la « Déclaration des droits de l'homme » pour appliquer aux juifs et aux protestants les maximes de la tolérance la plus large et la moins partiale (1). C'est un calviniste, Necker, que Louis XVI avait appelé à la tête de ses conseils. Prétendre que les Fran-

(1) *Édit du mois de novembre 1787.* Malgré certaines représentations sur divers articles mal libellés de l'Édit « le clergé ne s'élève pas contre l'état légal et civil accordé aux protestants ». (*Clergé de Rouen*). « Il ne pense pas qu'on doive refuser à des frères errants le rang qu'ils réclament dans la société. » (Clergé d'Evreux, de Dijon, etc.) Voir les cahiers de 1789 par Léon de Poncins, p. 146 et suiv.

çais ne jouissaient pas de la liberté de parler et
d'écrire, quand, depuis un demi siècle, philo-
sophes et encyclopédistes inondaient le pays
d'un déluge d'écrits licencieux et impies, sous
les yeux des pouvoirs publics et souvent avec
leur connivence, ce serait une plaisanterie à
peine digne d'être relevée. Mais soit : nous
admettons volontiers que la Révolution, dont
c'est l'essence de chercher à détruire la notion
de l'État chrétien, n'a cessé de donner libre
carrière aux déistes, aux athées et aux matéria-
listes ; mais est-il un seul instant, où, maîtresse
du pays et livrée à la pente naturelle de ses
doctrines, elle ait su respecter la liberté des
catholiques, c'est-à-dire de l'immense majorité
de la nation ? Lorsqu'on parle de liberté reli-
gieuse, à propos de la Révolution française, il
se présente immédiatement à l'esprit des noms
et des souvenirs tels que toute discussion sur
ce point devient superflue. Tout un clergé
massacré, ou déporté, ou dispersé dans l'Eu-
rope entière, pour avoir refusé de prêter ser-
ment à une constitution hérétique et schisma-
tique, produit naturel de ce despotisme d'État
dont je parlais tout à l'heure, voilà comment la
liberté religieuse est née du mouvement révo-
lutionnaire de 1789.

Car il ne faut pas perdre de vue que si ces
épouvantables forfaits ont été commis en 1793
et après, c'est dans l'Assemblée de 1789 qu'on
avait élaboré la constitution civile du clergé,
cette mainmise absolue de l'État sur les cons-
ciences, ce monument insigne du despotisme

antireligieux. L'oppression des catholiques, par des actes de violence ou par la voie légale, a été, dès le premier moment, comme elle est restée depuis lors, l'une des marques distinctives de la Révolution française. Oublions, si on le veut, les prisons des Carmes, de l'Abbaye, de la Force, de la Conciergerie, les pontons de Rochefort, les déserts de Sinnamary, tous ces funèbres témoins du libéralisme révolutionnaire. Prenons-le aux époques où, condamné à une modération relative par l'esprit du temps, il consent à se renfermer dans la persécution légale : chaque fois qu'il remonte au pouvoir, après 1830 comme en 1789, après 1848, 1879, son premier mouvement, c'est de restreindre la liberté des catholiques. On le dirait rivé à ce genre de despotisme par la fatalité de son principe. Quelques Jésuites ou quelques Dominicains, se réunissant pour prier en commun, pour enseigner et pour prêcher, le mettent en émoi plus que ne sauraient le faire des menaces parties de l'étranger. On sent que la liberté religieuse est tout ce qu'il y a de plus antipathique à ses publicistes et à ses hommes d'État. Confisquer les biens ecclésiastiques, pour dépouiller le clergé du droit de propriété, sans lequel il n'y a pas de vraie liberté; empêcher le plus possible les manifestations extérieures du culte; entraver les rapports des évêques entre eux et avec le Saint-Siège; subordonner la publication de pièces dogmatiques à l'autorisation préalable d'un conseil d'État composé d'incroyants en majeure partie, sinon en totalité; remplacer les bénéfices stables et permanents par un salaire variable, contesté et discuté périodiquement dans des débats sans honneur et sans dignité : c'est ainsi que la Révolution, même sous sa forme la plus modérée, a toujours compris la liberté des catholiques. Impossible de fausser davantage le sens des mots, pour tromper les masses.

Sans doute, la « Déclaration des droits de l'homme » porte que nul ne sera inquiété pour ses opinions religieuses. Mais il suffit de regarder autour de soi, pour se convaincre que c'est encore là une de ces formules mensongères sous lesquelles s'abrite le despotisme d'État. La vérité est que, à l'heure présente, les convictions religieuses sont précisément ce que la Révolution pardonne le moins. Est-il, à la veille du centenaire de 1789, un préfet ou un sous-préfet qui n'aurait rien à redouter pour sa situation, s'il faisait ouvertement ses pâques? Est-il un seul buraliste, un seul garde champêtre qui oserait impunément mettre ses enfants dans une école chrétienne, de préférence à l'école laïque? Est-ce que le simple fait d'aller à la messe, les dimanches, ne constitue pas un péril pour tous ceux qui touchent de près ou de loin à une administration publique? Laissons donc de côté ces maximes pompeuses qui ne sauraient plus tromper personne. Il en est des libertés individuelles, comme des libertés provinciales, départementales et municipales. Le mouvement révolutionnaire de 1789

en a été la négation pure et simple, au profit
d'une majorité qui absorbe en elle tous les
pouvoirs et s'impose aux consciences souve-
rainement, sous le nom de volonté générale,
suivant la doctrine du *Contrat social* de Rous-
seau. Le despotisme d'État aux mains d'un
seul homme ou d'une Assemblée, voilà son
premier et son dernier mot.

V

LA RÉVOLUTION FRANÇAISE ET LES LÉGISTES

Un des problèmes historiques les plus curieux à étudier, c'est la facilité avec laquelle les idées de centralisation absolue et de despotisme d'État ont pu triompher en France, à la fin du siècle dernier ; car, de libertés, au sens véritable du mot, il ne saurait plus en être question : la Révolution française en forme tout juste le contrepied. Cette nation, pourtant, avait si admirablement résisté aux attaques du protestantisme, malgré les faiblesses de la royauté et la défection d'une grande partie de la noblesse, grâce au mouvement catholique et national de la Ligue. La sophistique irréligieuse du dix-huitième siècle avait bien pu faire des ravages dans les hautes classes de la société, mais le peuple en masse était resté sincèrement attaché à sa foi. Il n'y avait pas de contrée où le christianisme eût jeté de plus profondes racines. Ce qui le prouve jusqu'à l'évidence, c'est que, quinze ou vingt ans plus tard, la religion catholique allait s'y retrouver aussi forte que jamais, au sortir d'un cataclysme sans pareil dans l'histoire. Comment donc se fait-il que la théorie païenne de la toute-puissance de l'État, avec ses funestes conséquences, ait trouvé en France un terrain si favorable, tandis que d'autres pays, comme l'Angleterre et l'Allemagne, bien autrement envahis par l'esprit de nouveauté en matière de doctrine, ont su conserver plus fidèlement leurs franchises, leurs libertés et leurs coutumes traditionnelles. Il ne suffit pas de dire, — et rien n'est plus vrai, — que le mouvement révolutionnaire de 1789 se rattache dans ses causes aux révoltes du seizième siècle ; car cela même ajoute à la singularité du problème, la Réforme ayant échoué en France plus peut-être que partout ailleurs. Nous ne croyons pas qu'il soit facile de résoudre la question, si l'on ne prête une attention sérieuse au rôle tout particulier des légistes dans le développement de la société française.

Que la révolution de 1789 ait été avant tout une œuvre de légistes donnant la main à des philosophes ou à des écrivains se croyant tels, cela n'est pas contestable. Nous ne voulons pas attacher à la composition des assemblées plus d'importance qu'il ne faut. On ne saurait pourtant oublier que, dans la Constituante, le tiers-état comprenait à lui seul 197 avocats, sans compter une centaine de procureurs, juges royaux, conseillers de présidial, etc. De là cette manie de légiférer qui est restée jusqu'à nos jours le trait caractéristique des assemblées françaises. En y ajoutant la passion de la rhétorique, devenue plus forte que jamais à la fin du siècle dernier, il est facile de juger quel péril allait surgir, pour les libertés publiques, de ces deux tendances réunies. On a calculé que la Constituante avait confectionné, en deux ans, 2557 lois; la Législative, en un an, 1712; et la Convention, en trois ans, 11,210. Jamais spectacle plus bizarre n'avait été donné au monde. On eût dit que la France ne faisait que de naître, et qu'il fallait la traiter comme une horde de sauvages arrivant à l'état social. Mais nous ne voulons pas revenir sur ce côté si étrange de la Révolution française. C'est aux maximes politiques dont tout ce monde de légistes était imbu, qu'il convient de s'arrêter un instant, pour mieux s'expliquer comment le mouvement révolutionnaire de 1789 a été le triomphe de l'absolutisme au profit de l'État.

A partir du règne de Philippe le Bel, l'influence des légistes, en France, va grandissant de jour en jour. Ils se font les instruments dévoués du roi dans sa lutte avec la Papauté, en même temps qu'ils se préparent à affaiblir, pour les détruire plus tard, tous les corps intermédiaires entre le roi et le peuple. C'est le moment où l'ancien droit romain envahit l'Occident, cherchant à refouler devant lui la coutume chrétienne. On sait ce qu'était ce droit, qu'il serait plus juste d'appeler le droit byzantin. L'empereur, en qui s'incarne le peuple souverain, dont il est le mandataire et le représentant, absorbe en lui tous les pouvoirs. Politique, justice, administration, finances, rien qui n'émane ou qui ne dépende de cette volonté unique. Aucune fonction ne peut

s'exercer que par voie de délégation de l'auto-
ité centrale, aux mains de laquelle sont con-
fiées toutes les choses divines et humaines.
Pas de droit national et historique qui puisse
tenir devant ce droit abstrait et rationnel, qui
ne s'applique pas à tel peuple plutôt qu'à tel
autre, parce qu'il est censé dériver de la raison
et de la nature mêmes. Si, à la différence de
Rome païenne, où le pouvoir spirituel et le
pouvoir temporel étaient confondus en un seul,
Byzance se voit contrainte de les distinguer
l'un de l'autre, c'est à la condition de subor-
donner l'Église à l'État, et l'exemple de Justi-
nien et de ses successeurs est le meilleur com-
mentaire de cet article fondamental du droit
césarien (1).

C'est ce droit césarien, cette concentration
de tous les pouvoirs aux mains de l'État qu'une
école de légistes, aussi brillante que nombreuse,
s'est efforcée constamment de faire prévaloir
en France, en opposition avec les libertés chré-
tiennes; et elle n'y a que trop réussi : soit que
l'esprit français se plaise davantage aux idées
rationnelles et abstraites, soit que les corps
intermédiaires, comme la noblesse, aient résisté
plus mollement qu'ailleurs. Faire du prince la
source unique du pouvoir judiciaire et légis-
latif, la loi suprême et toujours vivante; trans-
former en droits régaliens toutes les fonctions
sociales, y compris l'enseignement de la gram-

(1) Voir sur ce point l'ouvrage si remarquable de M Co-
quille, *les Légistes, leur influence politique et religieuse*, Paris,
1863.

maire; dépouiller les corporations et les corps
électifs de leurs franchises, de leurs droits
historiques, fondés sur la propriété et sur la
coutume pour faire dériver du bon plaisir de
l'État jusqu'à la faculté d'exercer une indus-
trie : voilà l'œuvre de centralisation et d'ab-
solutisme que les légistes ne cessent de pour-
suivre depuis Philippe de Beaumanoir et Pierre
des Fontaines jusqu'à Dumoulin, Pierre Pithou
et Denis Talon. L'engouement du quinzième
siècle pour l'antiquité grecque et latine n'avait
pu que favoriser ce développement du droit
césarien. C'est alors qu'on entend proclamer
de nouveau la maxime du droit byzantin :
Quidquid principi placuit, habet legis vigorem :
maxime que l'auteur du *Contrat social* repro-
duira très fidèlement, en disant que le peuple,
c'est-à-dire le prince sous une autre forme,
n'a pas besoin d'avoir raison pour valider ses
actes. A la longue, les légistes finiront par
persuader au prince qu'il est propriétaire de
tout le sol français; et Louis XIV, se faisant
l'écho d'une théorie si contraire aux traditions
de la royauté chrétienne, écrira dans ses ins-
tructions à son petit-fils cette phrase plus
qu'étrange : « Tous les biens de nos sujets sont
à nous. » Les trois cents avocats et procureurs
de 1789 n'auront qu'à reprendre cette thèse
du Bas-Empire, pour se croire en droit d'expro-
prier l'Église sous prétexte d'utilité publique.

L'Église, tel était, en effet, et tel est encore
de nos jours le grand obstacle au triomphe
complet du droit césarien. Cette autorité spiri-

tuelle, indépendante de tout pouvoir temporel
par sa nature et par son origine, quelle bar-
rière à l'omnipotence de l'État! Aussi que
d'efforts de la part des légistes, depuis Philippe
le Bel, pour restreindre les libertés de l'Église,
comme ils cherchaient à réduire, au profit de
l'État, les libertés provinciales, les libertés
municipales, les libertés individuelles! « C'est
par eux, dit un écrivain moderne, trop pénétré
de leurs maximes, que la notion de l'État, re-
trouvée dans les écrits des jurisconsultes ro-
mains, a été conservée et transmise intacte entre
les mains de la société moderne... Leur doc-
trine est immuable dans tous les temps et
dans tous leurs livres(1). » Nous ne le contestons
pas; mais quelle doctrine! Celle qui devait
aboutir, d'une part, à l'absolutisme de l'État et,
de l'autre, à la constitution civile du clergé de
France. Si, plus animés de l'esprit chrétien
que les constituants de 1789, ils ne vont pas
jusqu'à confondre les deux pouvoirs, que de
tentatives pour subordonner l'Église à l'État!
Droits de régale, pragmatiques sanctions,
refus d'enregistrement des bulles pontificales,
résistance aux constitutions dogmatiques des
papes, mainmise sur l'enseignement de la
théologie, immixtion dans l'administration des
sacrements, il n'est pas de prétentions que les
avocats du roi et les parlements ne mettent en
avant pour étendre le pouvoir du prince jus-
qu'aux limites du schisme et de l'hérésie. Tant

(1) M. Emile Ollivier, *l'Église et l'État au concile du
Vatican*, t. Ier, p. 272.

4

le césarisme, si savamment élaboré par les jurisconsultes romains, avait repris d'empire sur les esprits et faussé la notion des libertés chrétiennes!

Et maintenant, changez les termes; à la place du monarque, mettez le peuple ou. pour mieux dire, la majorité d'une Assemblée qui est censée le représenter; transportez à ce souverain multiple tous les droits régaliens que les légistes de l'ancien régime attribuaient au souverain unique, sans le contre-poids des franchises et libertés provinciales ou municipales, vous avez l'État tout-puissant, selon la formule des doctrinaires de la Révolution française : l'État source de tous les pouvoirs dans l'ordre civil, politique et social; l'État nommant à toutes les fonctions publiques, par lui-même ou par ses agents; l'État juge unique, administrateur unique, instituteur et professeur unique; l'État imposant aux départements et aux communes telles charges qu'il lui plaît; l'État maître de la fortune des particuliers, par la négation de la liberté testamentaire et par l'exagération des droits fiscaux; l'État substituant à son gré la juridiction administrative à la juridiction civile, moyennant les arrêtés de conflit, ce qui n'est pas autre chose, au fond, que l'ancienne *évocation* au conseil du roi; l'État créant à l'Église des servitudes sous le nom d'articles organiques; vous avez, en un mot, tout ce qui constitue la centralisation moderne, tout, excepté la liberté.

VI

LA RÉVOLUTION FRANÇAISE ET L'ÉGALITÉ

Je suppose un régime sous lequel un parti politique, arrivé au pouvoir, jouit exclusivement de tous les avantages de la situation, se réserve à lui seul toutes les places et tous les emplois, sans admettre à aucune fonction publique ceux qu'il traite d'adversaires, si tant est qu'il ne les mette pas hors la loi, en leur refusant ce qui est équitable et juste; un régime, où tout est vexation pour les uns et faveur pour les autres : où il suffit que les parents soient en défiance auprès du parti dominant, pour que leurs enfants voient se fermer devant eux les carrières de la magistrature, de l'administration et des finances; où il n'est même pas possible d'arriver à un poste de juge suppléant, eût-on tous les diplômes et tous les mérites, du moment que l'on a fait ses études dans telle maison d'éducation plutôt que dans telle autre; où la moitié des contribuables se trouvent exclus des bénéfices de la communauté, bien que les charges soient les mêmes pour tous : est-ce sérieusement qu'un pareil régime d'oppression pour ceux-ci, de privilège pour ceux-là, pourrait être appelé un régime d'égalité?

Ah! je le sais bien, c'est encore ici que reviendront quelques-unes de ces formules sonores à l'aide desquelles les doctrinaires de

1789 ont réussi à tromper les esprits naïfs et crédules : — Tous les hommes naissent et demeurent égaux en droits. Toutes les charges seront désormais accessibles à tous, et il n'y aura plus d'autre titre pour y arriver que le talent et le mérite. — Vaine déclamation ! Il suffit d'avoir étudié tant soit peu l'histoire depuis cent ans, pour savoir que chaque parti révolutionnaire, une fois maître du pouvoir, n'a rien eu de plus pressé que de réduire sinon de confisquer les droits du parti vaincu, et que, pour arriver à une charge de l'État, il faut avant tout se plier aux opinions des gouvernants du jour. Devant l'absolutisme de l'État, dont les progrès ne permettent plus guère de se faire illusion sur ce point, on répète volontiers qu'à défaut de la liberté, l'égalité, elle du moins, a dû son triomphe à la Révolution. Il serait facile de répondre qu'il n'est peut-être pas de peuple resté plus avide de distinctions que le peuple français. Mais laissons là cette observation purement psychologique pour examiner en elle-même la doctrine révolutionnaire de l'égalité. La vérité est que si la Révolution française a remplacé les libertés réelles par de pures fictions, elle a introduit, au lieu de l'égalité vraie, une égalité fausse et absolument chimérique.

« Tous les hommes naissent et demeurent libres et égaux en droits. » Il eût été plus exact de dire que tous les hommes naissent dépendants et inégaux. La première de ces dépendances et de ces inégalités a son fondement dans la divine constitution de la famille.

Quand l'enfant vient au monde, il entre dans une hiérarchie de pouvoirs et de fonctions; il trouve à côté de son berceau, dans les auteurs mêmes de ses jours, non pas des égaux, mais des supérieurs qui ont le droit de lui commander. Jamais, à aucun âge de sa vie, il ne deviendra l'égal de son père ni de sa mère; jamais ses droits n'équivaudront aux leurs. Entre eux et lui, il y aura toujours un lien de dépendance et de subordination qui, formé par la nature elle-même, est indissoluble. La formule révolutionnaire de l'égalité est donc tout d'abord inapplicable à l'ordre domestique, à moins que l'on ne veuille en venir à cette absurdité manifeste de fonder l'autorité paternelle sur le vote des enfants.

On ne veut pas en arriver là, je le reconnais sans peine; mais la manie de l'égalité, née de la Révolution française, n'a-t-elle pas porté à la famille et, par un contre-coup tout naturel, à la patrie elle-même la plus grave des atteintes? La division forcée en parts égales de la fortune immobilière, à la mort du père de famille, n'est-elle pas la cause immédiate de l'émiettement du sol, du morcellement indéfini de la propriété? N'est-elle pas une source d'instabilité pour le foyer domestique, de ruine pour l'agriculture, le commerce et l'industrie, dont chaque établissement menace de s'effondrer avec chaque succession qui s'ouvre? N'est-ce pas à cette folie égalitaire des rhéteurs et des sophistes de 1789 qu'il faut attribuer en grande partie la dépopulation de la France? Sans nul doute, l'immoralité, fruit naturel de l'irréligion, entre pour beaucoup dans ce lamentable résultat : ce qui le prouve sans réplique, c'est que les départements où la foi chrétienne et le respect des lois. divines sont restés debout, comme le Finistère par exemple, ont échappé à ce fléau, le plus redoutable de tous. L'accroissement et la diminution de la natalité sont en raison directe du progrès ou de l'affaiblissement des convictions religieuses. C'est un fait que les statistiques mettent hors de tout conteste. Mais comment ne pas reconnaître, d'autre part, que l'égalité dans les portions d'héritage, et le partage forcé des biens, qui en est la suite, en ne laissant trop souvent aux familles nombreuses d'autre perspective que la misère, favorisent singulièrement des calculs égoïstes qui nous remplissent d'épouvante pour l'avenir du pays? C'est donc aux théories égalitaires de 1789, appliquées à l'ordre domestique, que nous sommes en droit d'attribuer un état de choses dont les terribles conséquences se feront sentir a une échéance plus ou moins courte, et qui, si l'on ne parvient pas à y porter remède par une réaction vigoureuse contre les idées révolutionnaires, fera descendre la France au rang de puissance de second ou de troisième ordre.

Si c'est la hiérarchie, et non pas l'égalité, qui forme la base de la société familiale, en est-il autrement dans l'ordre civil? Je ne conteste nullement le principe de l'égalité des

citoyens devant la loi; et j'admets volontiers
que c'était un des points principaux sur lesquels
devaient porter les réformes de 1789; mais de
là au nivellement absolu, il y avait une dis-
tance que l'esprit révolutionnaire était seul
capable de franchir. La véritable égalité civile
demande qu'une loi soit également applicable
à tous ceux qu'elle régit, sans distinction de
personnes; mais cela ne veut pas dire qu'il ne
puisse et qu'il ne doive y avoir des codes de
lois spéciales pour les militaires, pour les ecclé-
siastiques, et pour d'autres catégories de ci-
toyens, en raison de leur caractère et de leurs
fonctions. La conscience publique l'a si bien
compris que, malgré toutes les formules égali-
taires de 1789, l'article 479 du code d'instruc-
tion criminelle a conservé de vrais privilèges
de juridiction, et que l'article 10 de la loi du
26 avril 1810 sur l'organisation judiciaire at-
tribue à la première chambre civile des cours
d'appel une compétence *ratione dignitatis*, en
ce qui concerne les personnages qu'elle énu-
mère (1). C'est ainsi que, même dans la der-
nière constitution républicaine, il y a un pri-
vilège de juridiction *ratione personæ*, pour le

(1) « Lorsque de grands officiers de la Légion d'honneur,
des généraux commandant une division ou un département,
des archevêques, des évêques, des présidents de consistoire,
des membres de la cour de cassation, de la cour des comptes
et des cours impériales; et des préfets seront prévenus de
délits de police correctionnelle, les cours impériales con-
naîtront de la manière prescrite par l'article 479 du code
d'instruction criminelle. » (Loi du 20 avril 1810, *sur l'orga-
nisation de l'ordre judiciaire et l'administration de la justice,*
art. 10.)

président de la république et pour les minis-
tres (1) Il fallait bien rendre cet hommage à
la hiérarchie et constituer des inégalités même
dans l'ordre civil, sous peine de détruire le
principe d'autorité. Supprimer les distinctions
sociales quand elles n'ont pas d'autre objet
qu'un avantage purement individuel, soit; mais
les privilèges, c'est-à-dire les lois particulières,
privatæ leges, fondées sur l'utilité commune, et
protégeant certaines catégories de personnes,
pour leur permettre de remplir utilement leurs
fonctions, on ne peut pas en faire table rase,
sans désorganiser l'ordre social. Le prêtre, le
militaire, le magistrat, ont droit à certaines
immunités essentielles ou inhérentes à leurs
charges, par cela seul que leur situation leur
impose des devoirs exceptionnels. Si vous
passez le même niveau indistinctement sur
toutes les têtes, vous détruisez, avec la hiérar-
chie, les conditions normales de toute société.

C'est, — il ne faut pas se lasser de le redire,
— l'un des péchés capitaux de la Révolution
française, d'avoir voulu légiférer pour un être
abstrait, séparé de tout milieu et de toute qua-
lité qui pourraient en faire autre chose qu'un
homme purement et simplement. Et parce que
cet être de raison n'a jamais existé et ne saurait
exister nulle part, tout ce qu'elle a formulé à
cet égard est faux et chimérique. De même que,
sans tenir aucun compte de l'histoire, elle a

(1) « Le Sénat peut être constitué en cours de justice
pour juger, soit le président de la république, soit les mi-
nistres. » (Art. 9 de la loi constitutionnelle du 24 février 1875.)

taillé dans le sol quatre-vingt-un départements,
comme l'on découperait d'une même étoffe
quatre-vingt-une pièces, ainsi a-t-elle voulu
réduire la nation française à vingt-six millions
d'atomes égaux en poids et en volume. Est-ce
que, sous l'empire de cette folie égalitaire, le
décret du 19 juin 1790, renouvelé en 1848,
n'allait pas jusqu'à supprimer les titres et les
dénominations nobiliaires! On peut assuré-
ment, si on le veut, enlever aux plus anciennes
familles d'un pays, entre autres privilèges,
celui de se faire tuer devant l'ennemi, pour
permettre aux laboureurs de cultiver tranquil-
lement leurs champs, et aux artisans de n'être
pas arrachés à leurs métiers par les dangers de
la guerre; mais ce qu'il est impossible d'ef-
facer d'un trait de plume, ce sont les titres
d'honneur acquis par des siècles de fidélité, de
dévouement et de bravoure; car on n'efface
pas l'histoire et l'on ne détruit pas ce qui est
dans la nature des choses. Quoi que l'on fasse,
jamais le nom d'un inconnu ne dira au cœur
d'un peuple ce que lui rappelle le nom d'un
Montmorency ou d'un Ney. Voilà pourquoi,
toujours et partout, n'en déplaise aux prôneurs
d'égalité, il y aura dans le monde, sous une
forme ou sous une autre, des noblesses et des
aristocraties, parce que de tout temps et en tout
lieu l'on a vu et l'on verra des trésors de mé-
rites s'accumuler sur un point, des héritages de
services se transmettre d'une génération à
l'autre, des habitudes d'héroïsme se perpétuer
avec le sang, tout cet ensemble de choses qui,

à la longue, forment au front d'une famille une auréole de distinction dont l'éclat rejaillit sur tous, une couronne de gloire qui cesse d'être la récompense d'un seul, pour devenir le titre commun et la patrimoine d'une nation.

La Révolution française, même sous sa forme la plus modérée, et alors qu'elle ne versait pas encore dans le sang et dans la boue, a constamment méconnu ces grandes lois de la nature et de l'histoire, sous l'inspiration des idées de Rousseau et des autres sophistes du dix-huitième siècle. C'est ainsi que nous l'avons vue aboutir de nos jours à l'égalité politique, en attendant que le socialisme la pousse dans l'égalité des conditions et des propriétés. L'égalité politique! Quelle chimère et quel danger pour un pays! On peut admettre que, de près ou de loin, dans la mesure de leurs intérêts et suivant leurs degrés de capacité, tous les citoyens influent par un mode de suffrage sagement organisé sur la direction des affaires publiques. C'est dans ces conditions que six millions de Français avaient pris part aux élections des États généraux, pour s'y faire représenter, non pas dans des proportions purement numériques, mais suivant les intérêts de chaque corporation. Sans doute, alors déjà, on avait vu, en maint endroit, l'homme du peuple endoctriné par le petit procureur de campagne, porter son choix sur l'avocat envieux et grand discoureur, de préférence à ses pairs : de là le petit nombre de laboureurs et de négociants députés au

Tiers-État, relativement à la foule des hommes de loi. Mais ce sont là des méprises inévitables dans n'importe quel système. Ce qui est inadmissible, au regard du bon sens, c'est que, sous prétexte d'égalité, le nombre seul opérant par sa vertu arithmétique et en dehors de toute autre considération, devienne la loi suprême d'un pays; que ni le talent, ni la fortune, ni la moralité, n'entrent pour rien dans un calcul qui se réduit à une simple addition de voix; qu'il soit indifférent, au point de vue du droit, de représenter les intérêts de toute une famille, d'une corporation entière, ou de n'avoir souci que de sa personne; et qu'en un jour d'élection où se posent, dans le choix d'un représentant, que dis-je? d'une forme de gouvernement, les questions les plus difficiles de droit constitutionnel, de relations avec l'étranger, des questions de vie ou de mort pour un peuple, le suffrage d'un individu sachant à peine lire et écrire, ou recueilli dans un dépôt de mendicité, pèse d'un même poids dans la balance des destinées nationales que celui d'un homme d'État rompu aux affaires par une longue expérience. Il n'est pas de sophisme qui puisse colorer d'un prétexte spécieux une pareille absurdité. Un pays qui sacrifie son existence à une utopie aussi dangereuse, court au-devant de toutes les aventures : il est à la merci d'une force aveugle qui, obéissant tour à tour aux impulsions les plus contradictoires, l'entraîne tantôt d'un côté, tantôt de l'autre, et finit par le pousser aux abîmes.

En faisant de l'égalité à outrance, la Révolution française a sinon tué, du moins considérablement affaibli cette grande chose qui s'appelle le respect, et sans laquelle ni la famille ni l'État ne peuvent prospérer, étant donné que tout ordre social implique une idée de hiérarchie, et se compose nécessairement d'éléments subordonnés les uns aux autres et coordonnés entre eux. Le respect naît du sentiment des supériorités sociales; or, c'est à les battre en brèche que tend sans relâche l'esprit révolutionnaire. Aussi que voyons-nous dans la société issue des idées ultra-égalitaires de 1789? On en est arrivé à ne plus pouvoir souffrir personne au-dessus de soi; l'envie s'attaque à tout ce qui dépasse le niveau des conditions ordinaires. Patron, propriétaire, héritier d'un grand nom, tous ces mots, par cela seul qu'ils insinuent quelque supériorité sociale, excitent dans les masses tourmentées par la passion de l'égalité, de sourdes colères qui font explosion au moindre sujet de mécontentement. C'est à la force qu'on obéit, plutôt qu'au droit; et, pour peu que le pouvoir néglige d'employer la force en un jour de défaillance ou de surprise, la révolte éclate à l'instant même. Voilà l'origine de nos vingt révolutions depuis cent ans. On ne se place pas impunément en dehors de la nature et de l'histoire : ce défi à l'expérience et à la raison peut devenir mortel. La liberté, sans l'autorité, c'est l'anarchie; et l'égalité sans la hiérarchie, c'est le chaos.

VII

LA RÉVOLUTION FRANÇAISE ET LA FRATERNITÉ

Il est un mot que le christianisme avait rendu populaire dans tout le monde civilisé. Ce mot signifiait l'amour de Dieu pour les hommes et l'amour des hommes entre eux. Il était synonyme de tous les dévouements, de tous les sacrifices, de tous les héroïsmes qu'avait inspirés la foi chrétienne depuis dix-huit siècles. Rien de plus universellement admis et respecté que ce mot de charité, par où l'on désignait ce qu'il y a de plus parfait dans l'âme humaine touchée de la grâce divine. Mais aux yeux de la Révolution française, cet admirable mot avait le tort grave d'être emprunté à la langue chrétienne. Il fallait séculariser l'idée qu'il exprime, pour la rendre par un mot profane ou réputé tel. A la vérité, le mot fraternité, lui aussi, était d'origine chrétienne, le christianisme seul ayant enseigné au monde que tous les hommes sont frères, parce qu'ils ont pour père un seul et même Dieu. Aussi n'est-ce pas dans le choix de cette formule que nous chercherions matière à critique, si au lieu de rapprocher entre eux les enfants d'une même patrie, la Révolution n'était venue les désunir en prolongeant jusqu'à nos jours la haine des partis.

La Révolution française et la fraternité :

Quelle alliance de mots contradictoires! A peine le mouvement révolutionnaire de 1789 a-t-il éclaté, que les haines les plus féroces se donnent libre carrière dans tout le pays. Ce peuple de frères semble n'avoir voulu écrire sur les murs de ses édifices la formule imaginée par la franc-maçonnerie, que pour se donner le plaisir de s'entr'égorger. Girondins, montagnards, hébertistes, thermidoriens, chaque parti marque son avènement au pouvoir par le meurtre de ses adversaires vaincus. Et ce n'est pas seulement au sein d'une capitale tumultueuse et désordonnée que s'inaugure ce règne de la fraternité : au signal des nouveaux apôtres, dans chaque ville, dans chaque bourg, des hommes nés côte à côte, et la veille encore unis, s'acharnent les uns contre les autres, se dénoncent réciproquement et s'entre-tuent. Encore si cette frénésie du crime n'avait cherché à s'assouvir que du sang des classes privilégiées, suivant le langage de l'époque; mais non, ouvriers, laboureurs, hommes du peuple, les professions les plus modestes fournissent leurs contingents de victimes à des proscriptions qui n'épargnent ni âge, ni sexe, ni condition. Sous le nom de fraternité, une sanglante ironie est devenue le mot d'ordre des plus épouvantables forfaits.

Je n'en suis nullement surpris. Tel devait être le résultat inévitable d'une révolution qui, en voulant détruire toute idée religieuse, allait déchaîner les instincts les plus bas et les plus égoïstes de la nature humaine. Car la

Religion, comme son nom l'indique, n'est pas
seulement le lien qui unit les hommes à Dieu;
elle est encore le lien le plus étroit et le plus
fort qui puisse unir les hommes entre eux,
parce qu'elle les rapproche les uns des autres
et les rallie autour d'une même foi, d'une espé-
rance commune, des exemples et des leçons
d'une charité qui a sa source et son modèle
au-dessus de l'humaine faiblesse. Brisez ce lien,
il ne reste plus en présence que des intérêts con-
traires, des convoitises et des passions avides
de se satisfaire à tout prix, et qui, n'ayant
plus d'horizon au-delà de ce monde, détrui-
sent impitoyablement tous les obstacles qu'elles
trouvent sur leur chemin. Sans l'idée de sacri-
fice qui fait le fond de la Religion, la patrie
elle-même, qui devrait être un lien d'associa-
tion, devient, pour chaque parti, l'exploitation
de tous au profit de quelques-uns. Faut-il
s'étonner que, tout sentiment religieux une
fois écarté, le peuple le plus doux et le plus
policé du monde puisse devenir, à un moment
donné, le plus cruel de tous? *Homo homini
lupus*, avait dit le paganisme après une longue
expérience faite sur le vif. Comment ne pas
se rappeler le mot de Plaute, devant cette
période de dix ans durant laquelle, au siècle
dernier, une bande de bêtes féroces, à figure
humaine, vulgarisait en France le règne de la
fraternité révolutionnaire?

J'entends bien ce que l'on nous dit pour
affaiblir l'impression de ces crimes : c'était
l'explosion soudaine de colères longtemps com-

primées... Mais nous voici à cent ans de là, et je ne vois pas que les haines de partis, œuvre de la Révolution française, se soient aucunement apaisées. C'est toujours le même esprit de fraternité se manifestant par des divisions profondes et peut-être irrémédiables. Et d'abord, sans parler des journées de juin 1848, les massacres de la Commune en 1871 ne sont pas au-dessous des horreurs de 1793. A l'heure présente, je le dis avec autant d'assurance que de douleur, si la force publique, mieux organisée qu'à la fin du siècle dernier, venait à défaillir, nous assisterions à la répétition des mêmes scènes. Il n'y aurait de différence que dans le perfectionnement des moyens de destruction. Mais, en supposant même que l'adoucissement des mœurs éloigne ces tristes perspectives, un fait est indéniable, c'est que la France demeure aujourd'hui, telle que la Révolution l'a faite, déchirée par la haine des partis, divisée en fractions irréductibles. Voilà l'ennemi! c'est le cri qu'on entend de toutes parts, et qui s'adresse tour à tour, suivant les opinions de chacun, aux catholiques, aux légitimistes, aux bonapartistes, aux républicains. Pour ne citer qu'un exemple, est-ce calomnier nos modernes Jacobins, de dire que leur hostilité à l'égard des pires ennemis de la France n'est pas comparable à celle qu'ils témoignent à un Français, du moment que ce Français porte une soutane de prêtre ou une robe de religieux? Écoutez donc les cris de joie sauvage que poussent en chœur tous les organes de la presse radicale,

chaque fois que l'on expulse d'une école ou
d'un hospice quelques pauvres sœurs de Cha-
rité coupables du crime de n'être pas laïques.
La Révolution a développé chez ce peuple si
généreux par nature et si chevaleresque des
instincts de brutalité qui sont devenus l'éton-
nement du monde entier.

Car, là-dessus, il n'y a pas de contestation
possible : ces déchirements et ces haines sont
l'œuvre de la Révolution française. Elle a par-
tagé la nation en autant de camps ennemis
qu'il y a de compétitions au pouvoir. Depuis
les troubles de la Fronde, lutte d'épigrammes
et à coups d'épingle, jusqu'à la veille de 1789,
pendant un siècle et demi, aucun pays au
monde n'était mieux uni, ni ne jouissait d'un
calme plus profond. Certes, on ne se faisait
pas faute d'agiter des controverses ; on luttait,
avec une extrême vivacité, d'influence et d'opi-
nion : ces mouvements d'idées et d'intérêts sont
la vie des peuples. Mais des partis se poursui-
vant de haines mortelles jusqu'à se mettre hors
la loi et s'envoyer à l'échafaud réciproquement ;
mais la guerre civile des esprits en permanence
et aboutissant, tous les quinze ou dix-huit
ans, à des luttes fratricides ; mais tout un
siècle de discordes s'aggravant de jour en jour,
sans qu'il soit donné à personne d'en prévoir
le terme : il n'y avait que la Révolution fran-
çaise pour créer un pareil état de choses et
pour ajouter le mensonge au crime, en dissi-
mulant cette œuvre de division et de haine
sous le nom de fraternité.

5

VIII

LA RÉVOLUTION FRANÇAISE ET LA PROPRIÉTÉ

Une des erreurs les plus grossières que l'on se soit efforcé d'accréditer dans le public, consiste à prétendre que la Révolution française a donné ou rendu la terre aux paysans, tandis qu'avant 1789 la propriété du sol aurait été le privilège à peu près exclusif de la noblesse et du clergé. Je ne crois pas que jamais mensonge plus audacieux ait été jeté en pâture à la crédulité des simples. Là-dessus, il n'y a même plus matière à contestation, si l'on excepte ceux qui ont tout intérêt à travestir l'histoire. La vérité est que, longtemps avant 1789, les paysans étaient devenus propriétaires fonciers, et cela dans une mesure qui n'a pas été dépassée depuis 'ors, si tant est qu'elle soit restée la même. Car tandis qu'aujourd'hui les petits cultivateurs ne possèdent que le neuvième ou le huitième des terres cultivées, avant la Révolution, la moitié du sol de la France leur appartenait en propre. Un pareil état de choses, si différent de ce qui existait ailleurs frappait d'étonnement les étrangers qui visitaient notre pays (1). La grande pro-

(1) Voir les réflexions du voyageur anglais Arthur Young, dans *l'Ancien régime et la Révolution*, par M. de Tocqueville, p. 37.

priété, objet de tant de déclamations dans
l'école révolutionnaire, absorbait si peu tout
le reste que, au témoignage de Necker, « il y
avait en France une immensité de petites pro-
priétés rurales ». Déjà même, le sol se divisait
outre mesure, et le mouvement progressif
inquiétait les économistes eux-mêmes. « La
division des héritages, écrivait Turgot, est telle
que celui qui suffisait pour une seule famille
se partage entre cinq ou six enfants. Ces en-
fants et leurs familles ne peuvent plus dès lors
subsister uniquement de la terre. » C'est donc
une erreur absolue de prétendre que le paysan
est devenu propriétaire par le fait de la Révo-
lution, et que la division de la propriété fon-
cière date de 1789. Ce sont là des naïvetés
qu'il faut abandonner aux orateurs de clubs,
mais qui ne devraient plus se placer sous la
plume d'aucun écrivain sérieux.

Ce qui appartient en propre à la Révolution
française, c'est d'avoir porté cette division de
la propriété foncière jusqu'à l'émiettement du
sol par l'égalité des partages, en y ajoutant par
surcroît une aggravation de charges doubles
ou triples de celles qui auparavant pesaient sur
la terre. Voilà son œuvre, et cette œuvre est
tellement néfaste que, à l'heure présente, nul
ne peut dire ce qu'il adviendra de la propriété
en France. Elle est accablée sous le poids des
exigences fiscales qui achèvent de la ruiner. On
se plaît à mettre cet état de choses si lamen-
table sur le compte des événements militaires
qui se sont déroulés depuis cent ans : ils y ont

assurément leur grande part, et nous dirons
plus loin qui en porte la responsabilité. Mais
non, il faut aller plus avant dans l'analyse de
l'état social créé par le mouvement révolution-
naire . 1789. La ruine de la propriété est
dans l'exagération de l'idée de l'État, tel que
le conçoit la Révolution française. Du moment
que l'État se substituant à l'initiative particu-
lière, l'entravant de mille manières et l'étouf-
fant même, se mêle de tout faire, crée tout,
organise tout, gouverne tout, écoles, justice,
administration, finances, il lui faut absolument,
pour suffire à tant de charges, pressurer la
fortune individuelle et en tirer tout ce qu'il
peut, sous forme d'impôts et de contributions
de toute sorte, droits d'enregistrement, droits
de mutation et de succession, droits sur n'im-
porte quelle transaction de la vie privée; et
comme en définitive tout part de la propriété
foncière et que tout y revient parce qu'elle est
le gage de la richesse publique, c'est elle qui
porte le poids de tout le système. D'où il ré-
sulte qu'au bout d'un certain nombre d'années,
à force de taxations et de prélèvements exces-
sifs, la valeur de toute une propriété a passé
aux mains de l'État devenu le véritable héritier
et l'unique bénéficiaire. Si c'est là ce qu'on
appelle l'affranchissement de la propriété par
la Révolution française, nous nous demandons
si les mots ont encore une signification dans
notre langue.

Sans doute, la Révolution a mis en vente
toutes les terres du clergé et une grande partie

de celles de la noblesse; et il ne manquera pas
de discours, cette année, pour célébrer ce
qu'on appelle un service rendu à la démocratie.
Mais est-ce le peuple, sont-ce les petits culti-
vateurs qui ont bénéficié de cette confiscation
restée l'un des plus grands scandales de l'his-
toire? Non, mille fois non. Il suffit, pour s'en
convaincre, de consulter les procès-verbaux
mêmes de ces ventes encore plus ridicules
qu'odieuses. La masse des biens du clergé et
de la noblesse a été acquise contre un papier
de nulle valeur, par des bourgeois voltairiens
qui se moquaient du peuple non moins que de
la religion et de l'aristocratie; par des agioteurs
qui profitaient de la dépréciation du papier-
monnaie tombé à 1 pour 100 de sa valeur no-
minale, pour se constituer à vil prix de magni-
fiques domaines. Quant aux classes populaires,
elles n'ont absolument rien gagné à ce vol que
l'on ne saurait qualifier trop durement. Elles
n'ont fait qu'y perdre; car la plupart des ser-
vices publics, l'enseignement, le culte, l'entre-
tien des hôpitaux, le soin des pauvres et des
malades, et jusqu'au service militaire lui-
même, du moins en partie, étaient attachés
aux domaines possédés de temps immémorial
par le clergé et par la noblesse; ils constituaient
autant de charges qui pesaient presque exclu-
sivement sur ces propriétés, de telle sorte que
le reste de la nation était exonéré, par là même,
d'une dépense extrêmement lourde et qui ne le
regardait en rien. Qu'est-il résulté au contraire
de la transmission de ces biens aux mains des

agioteurs et de la bourgeoisie voltairienne du siècle dernier, moyennant un prix de vente dérisoire? Il en est résulté un fait bien simple, mais qui n'en est pas moins cruel : c'est que tous les services publics sont tombés à la charge du peuple, qui, pour y faire face se voit écrasé d'impôts sous toutes les formes. Que les spéculateurs enrichis des dépouilles du clergé et de la noblesse, grâce au déboursé de quelques assignats, s'applaudissent de ce coup de fortune inespéré, cela se conçoit sans peine; mais on chercherait vainement en quoi la démocratie française a pu profiter d'une atteinte aussi profonde au droit de propriété.

Car c'est bien un coup terrible que le droit de propriété a reçu en 1789, et s'il y a survécu jusqu'ici, s'il est parvenu à s'en relever, c'est uniquement parce que, en dépit des sophistes, la loi divine et l'enseignement de l'Église n'ont pas perdu tout leur empire sur les âmes. La propriété individuelle n'est ni plus légitime ni plus digne de respect que la propriété collective; car si l'une s'appuie sur le droit de la personnalité humaine, l'autre est fondée sur le droit non moins naturel ni moins sacré de l'association. Dans son ouvrage : *le Capital,* M. Karl Marx, l'un des chefs du socialisme contemporain, n'a pas manqué de mettre à profit contre le droit de propriété, l'argument formidable que lui fournissait la confiscation des biens de l'Église par la Révolution française. Comment, en effet, ce qui est possédé par plusieurs et depuis de longs siècles pourrait-il être moins inviolable que ce qui est possédé par un seul et d'hier seulement? Les communistes de nos jours parlent de nationaliser le sol en transférant à l'État les droits des particuliers; mais est ce que les constituants de 1789 et leurs successeurs ont fait autre chose quand ils déclaraient biens nationaux les propriétés du clergé et d'une grande partie de la noblesse? La formule est exactement la même de part et d'autre, et le procédé a été indiqué d'avance pour les spoliations de l'avenir.

Il y a là; qu'on le veuille ou non, un précédent qui, faute de réparation éclatante, continue de peser sur les destinées du pays comme une menace perpétuelle. Aussi regardons-nous comme une grande faute, de la part du gouvernement et des Chambres de la Restauration, de n'avoir pas relevé le principe de la propriété par une mesure qui eût donné pleine satisfaction à la conscience publ que. Au lieu d'accorder un milliard d'indemnité aux émigrés, il eût fallu répartir cette somme entre les acquéreurs de biens nationaux, qui avaient pu être plus ou moins de bonne foi en s'autorisant des actes de l'État, et restituer les domaines confisqués à leurs légitimes propriétaires. Et de même pour le clergé. Alors seulement le droit de propriété eût été sauvé de l'atteinte peut-être mortelle qu'il a subie en 1789. Mais laissons là des événements sur lesquels il n'y a plus à revenir. Un fait reste certain, c'est que le socialisme est en germe dans la Révolution française; et si, comme tout porte à le craindre, ses théories produisent leurs fruits au siècle prochain ou plus tard, la faute en aura été tout d'abord à l'Assemblée constituante de 1789.

IX

LA RÉVOLUTION FRANÇAISE ET LE TRAVAIL

L'idée fondamentale de la Révolution française en matière économique est contenue dans cette maxime de Turgot, tant applaudie à la fin du siècle dernier : « La source du mal est dans la faculté même accordée aux artisans d'un même métier de s'assembler et de se réunir en corps » (1). On croit rêver en lisant aujourd'hui de pareilles inepties tombées de la plume d'un homme d'esprit. Ce que Turgot, fidèle interprète des opinions de son temps, appelait la source du mal n'est autre chose qu'un principe rigoureux de droit naturel. Car il est dans la nature des choses que les artisans d'un même métier et les ouvriers d'une même profession aient la faculté de s'assembler pour débattre et sauvegarder leurs intérêts ; ou bien il faut renoncer à toutes les notions de la solidarité et de la sociabilité humaines.

C'est ce qu'on avait parfaitement compris jusqu'à la veille de 1789. Après avoir proclamé les principes qui devaient amener graduellement l'esclavage au colonat et au servage, puis enfin à l'affranchissement complet du

(1) Edit du 12 mars 1776.

travailleur, l'Eglise avait fini par faire triom-
pher dans la classe ouvrière, comme ailleurs,
la loi si éminemment féconde de l'association.
Sous l'influence des idées de rapprochement
et de charité fraternelle qu'elle répandait dans
le monde, il s'était opéré, pour chaque métier,
pour chaque profession, un groupement des
forces et des volontés individuelles autour d'un
seul et même centre d'action. L'on avait senti
que pour être fort, il fallait s'unir, et que, dans
cette union morale des travailleurs d'un même
ordre, il y avait une garantie et une protection
pour tous : *Vincit Concordia fratrum*, selon
l'antique devise des arts et métiers de Paris.
Sans absorber l'individu dans le corps social
et tout en lui laissant la liberté de se mouvoir
et d'agir à son gré, le travail devenait plus
ou moins une chose commune à laquelle
chacun apportait son énergie propre, en même
temps qu'il y trouvait sa fortune et son hon-
neur. Des hommes aussi étroitement unis par
les liens professionnels ne pouvaient qu'être
solidaires les uns des autres, soit que leur
intérêt fût en jeu ou leur réputation. Dans un
tel état de choses, il y avait place pour les
faibles à côté des forts; et la richesse ou l'in-
telligence, au lieu d'être une cause de ruine
pour personne, tournait au profit de tout le
monde. Bref, le même métier était dans une
même ville, pour ceux qui l'exerçaient, un
signe de ralliement et le principe d'une asso-
ciation où tous se rencontraient, se respectaient
et s'aimaient. Tel a été, six siècles durant,

l'aspect de cette grande et belle institution qui
s'est appelée, dans l'histoire de l'économie
politique et sociale, la corporation ouvrière.

Que des abus s'y soient glissés à la longue,
qu'il y ait eu nécessité d'introduire plus d'air,
plus de jour, plus de mouvement, dans ces
institutions devenues trop étroites, et faire
une plus large part à la liberté du travail,
personne ne le conteste. Là encore, il s'agissait
d'opérer l'une de ces réformes justifiées par
la marche du temps et par les progrès de l'in-
dustrie. Car nous ne cesserons de distinguer
sur tous les points, — c'est l'idée mère de
cet opuscule, — le mouvement réformateur et
le mouvement révolutionnaire de 1789. Amé-
liorer, à la bonne heure; mais détruire sans
rien mettre à la place, c'est de la folie. On ne
déracine pas un arbre encore vigoureux uni-
quement pour le débarrasser d'une branche
morte. On ne renverse pas une maison à cause
de quelques mauvaises herbes qui croissent le
long de ses murs. On ne démolit pas une
cathédrale parce qu'avec le temps il s'est
amassé sous ses voûtes de la poussière et des
toiles d'araignées. C'est le bon sens qui dit
cela, et le bon sens est le maître de la vie
humaine pour les peuples comme pour les
individus. Mais les hommes de 1789, — car
c'est d'eux qu'il s'agit et non pas des éner-
gumènes de 1793, — ne comprenaient pas ce
langage; détruire, détruire encore, détruire
toujours, c'était leur devise. Sur ce point,
comme sur toutes choses, ils n'avaient qu'une

idée, qu'une passion, ne rien laisser debout de
ce qui existait jusqu'alors. Cette organisation
du travail, qui était l'œuvre du temps, de
l'expérience et de la raison; qui avait valu au
pays de longs siècles de paix et de prospérité;
qui avait réussi à maintenir la concorde entre
les travailleurs d'un même ordre; qui avait
tant contribué au bon renom et à la gloire
de l'industrie française; cette organisation,
qu'il eût fallu rajeunir, améliorer, mettre en
rapport avec les besoins et les intérêts de
l'époque, les disciples de Turgot et de Rous-
seau la brisèrent en un jour d'aveugle fureur,
au risque de léguer à l'âge suivant, sans
aucun élément de solution, le plus redoutable
des problèmes.

A vrai dire, — et c'est la condamnation la
plus formelle des doctrines économiques de
la Révolution française, — ils ne pouvaient
agir autrement sans renoncer à tout ce qui fait
le fond du système. Appliquant avec une ri-
gueur de logique que je suis loin de méconn-
aître, les idées du *Contrat social* de Rousseau,
la Révolution française ne conçoit que deux
facteurs dans l'ordre économique comme dans
tout le reste : l'individu et l'État. Pas de corps
intermédiaires entre l'un et l'autre, pas de
groupes particuliers possédant leur autonomie,
pas d'organismes sociaux vivant de leur vie
propre, pas d'associations autres que celles qui
émanent de la volonté générale envisagée
comme la source de tout droit et de tout pou-
voir, en d'autres termes, une masse d'indi-

\id s ayant des droits absolument égaux, en dehors de toute hiérarchie naturelle ou sociale, et l'Etat leur imposant à tous sa volonté : voilà toute la théorie imaginée et formulée en 1789 et en 1791.

Les conséquences allaient en découler d'elles-mêmes; et nous les avons sous les yeux. Oubliant que le principe de la liberté du travail, appliqué d'une façon absolue, sans le complément et le correctif de l'association, dans laquelle Turgot plaçait « toute la source du mal », ne saurait avoir d'autre résultat que de mettre les pauvres et les faibles à la discrétion des riches et des forts, les théoriciens de 1789 s'étaient absolument mépris sur les conditions du problème social. Sous une apparence de liberté, c'est l'isolement qu'on apportait à l'ouvrier, et, avec l'isolement, la faiblesse. L'individu seul restait en face de lui-même, n'ayant plus aucune des ressources matérielles ou morales qu'il tirait auparavant d'un corps dont il était le membre. Dès lors, plus une ombre de hiérarchie ; plus de paternité sociale ; plus de charge d'âmes ; plus de fraternité professionnelle ; plus de règles communes ; plus de solidarité d'intérêt, d'honneur et de réputation ; plus de rapprochement entre les maîtres, les ouvriers et les apprentis ; plus de garanties pour les faibles contre les forts ; plus de protection des grands à l'égard des petits. Une concurrence effrénée, une lutte pour la vie où chacun, réduit à ses seules forces, cherche à l'emporter sur les autres, au risque d'entraîner leur ruine ; une mêlée où l'on se coudoie, où l'on s'écrase, où l'on se foule aux pieds, c'est-à-dire, en résumé, l'oppression en haut, la servitude en bas, l'antagonisme partout et l'union nulle part : telle est la situation que la Révolution française est venue créer à la classe ouvrière.

Sans doute, on a cherché depuis lors à réagir contre un pareil état de choses ; et cette réaction a été couronnée de succès sur plus d'un point. Mais la question est de savoir si, pour obtenir ces résultats encore très incomplets, il n'a pas fallu rompre en visière avec la Révolution française. Oui, malgré les anathèmes de Turgot et des autres économistes de 1789 contre le régime corporatif, nous avons vu se former successivement des sociétés de secours mutuels, des caisses de pension de retraite, des banques populaires, des associations coopératives, et même des syndicats professionnels, forçant, pour ainsi dire, la tolérance des pouvoirs publics en attendant la sanction légale. Puis, enfin, nous avons vu un parlement obligé, sous la pression de l'opinion publique, d'abroger la loi du 27 juin 1791 et de rétablir le principe de l'association dans la loi du 21 mars 1884.

Mais toutes ces réactions en faveur du principe d'association si étrangement méconnu en 1789 sont autant de conquêtes sur la Révolution française, dont c'est l'erreur fondamentale de ne concevoir et de n'admettre aucun organisme intermédiaire entre l'individu et

l'Etat. Et que l'on ne vienne pas se rabattre
sur un sophisme grossier pour attribuer au
mouvement révolutionnaire de 1789 la moindre
part d'influence dans les progrès économiques
qui ont pu s'accomplir depuis cent ans. Ce
sophisme qui ne tient pas contre une minute
de réflexion, nous nous attendons bien à l'en-
tendre sous peu répéter à l'envi par les
panégyristes de la Révolution.

Voyez, nous dira-t-on, quel progrès écono-
mique s'est réalisé depuis la fin du siècle der-
nier : l'ouvrier est mieux vêtu, mieux nourri,
mieux logé que par le passé : pur bienfait de
la Révolution française. Pur sophisme, dirons-
nous à notre tour! Si les conditions écono-
miques du temps actuel sont meilleures à cer-
tains égards que celles de l'âge précédent, cela
est dû à des causes toutes différentes : cela est
dû au progrès des sciences naturelles, physi-
ques et chimiques, aux inventions et aux dé-
couvertes de l'industrie, à l'application de la
vapeur et de l'électricité aux diverses caté-
gories du travail humain, à une plus grande
facilité dans les moyens de communication, à
la multiplication des relations commerciales,
à l'amélioration des routes, à la création des
chemins de fer, au mouvement général de l'art
et de la pensée. Mais tout cela n'a rien de
commun avec les doctrines ni avec les pra-
tiques de la Révolution française. Autant vau-
drait faire bénéficier des recherches du docteur
Jenner la révolution anglaise de 1688, ou bien
mettre au profit de la constitution française de

18⁻5 la découverte de la vaccination antira-
bique par M. Pasteur. Il n'y a aucune espèce
de rapport entre des choses d'ordre si différent.
Et la preuve que la Révolution française n'est
absolument pour rien dans les améliorations
dont je viens de parler, c'est que dans les
pays les plus réfractaires à ses doctrines,
comme l'Angleterre, par exemple, le progrès
économique est à tout le moins aussi considé-
rable que dans le nôtre. Par conséquent, une
pareille déduction ne serait pas légitime, alors
même qu'on l'agrémenterait de la phrase si
connue de La Bruyère, à laquelle l'auteur de
Germinal n'a pas eu de peine à trouver un
pendant bien autrement pittoresque, en décri-
vant la condition des mineurs de nos jours.

Laissons donc là ce sophisme et disons ce
qui est l'évidence même : la Révolution fran-
çaise n'a rien fait pour améliorer la condition
des classes laborieuses; bien au contraire, elle
a jeté le trouble et la confusion dans le monde
du travail; elle a détruit, sans y rien substi-
tuer, ces corporations ouvrières, ces groupes
sociaux si bien organisés, où petits et grands,
faibles et forts, pauvres et riches étaient unis
entre eux par les mêmes liens professionnels,
dans une vaste hiérarchie de services et de
fonctions; elle·n'a pas su donner à la liberté
du travail, dans la liberté d'association, un
correctif et un complément indispensables;
elle a désagrégé les masses ouvrières, en les
soustrayant à la direction de leurs chefs natu-
rels, pour les livrer sans défense à l'action des

sociétés secrètes, de ces ligues ténébreuses où elles deviennent la proie de politiciens sans aveu et sans scrupule; elle a créé l'antagonisme du capital et du travail, cette grande plaie des temps modernes; et chaque fois qu'il est question de remédier à un état de choses si lamentable, on est obligé de remonter le courant de la Révolution, pour reprendre une à une les œuvres qu'elle a détruites, et pour corriger les erreurs de son symbole économique et social.

XI

LA RÉVOLUTION FRANÇAISE ET LE MILITARISME

L'une des plaies les plus vives et les plus profondes de notre temps, c'est le militarisme. ce système véritablement monstrueux, qui consiste à prendre chaque année tous les jeunes hommes valides d'un pays, à peu d'exceptions près, pour les enfermer dans des casernes, vrais foyers d'irréligion et d'inconduite, loin de leurs familles dont, à cet âge-là, les leçons et les exemples leur seraient si nécessaires et auxquelles leurs services pourraient être si précieux; enlevés brusquement à leurs travaux, sans égard pour les intérêts majeurs d'une nation, ceux de l'agriculture, du commerce et de l'industrie; jetés dans un célibat forcé et privés, pendant plusieurs années, des libertés les plus naturelles à l'homme et au citoyen. Que les partisans de la perfectibilité indéfinie de l'espèce humaine applaudissent à un pareil spectacle, c'est affaire à eux, et nous leur laissons volontiers cette satisfaction. Quant à nous, il nous est impossible de ne pas voir dans cet état de choses irrégulier, anormal, contre nature, un recul de la civilisation européenne.

une des superstitions de notre époque (1) ».

Cette superstition, contre laquelle Herbert Spencer s'élève à si juste titre, est l'un des traits distinctifs de la Révolution française. Moraliser le peuple par la diffusion de l'enseignement, sans faire appel aux secours et à la pratique de la religion, c'était le thème favori des coryphées de nos assemblées révolutionnaires du siècle dernier, et leurs disciples continuent à le développer sous nos yeux. Ici du moins, ni les uns ni les autres ne sont d'accord avec le théoricien du *Contrat social* laissant échapper cet aveu dans un éclair de raison : « Je n'entends point qu'on puisse être vertueux sans religion ; j'eus longtemps cette opinion trompeuse dont je suis bien désabusé (1). » Mais nous ne voulons pas trop insister sur « cette opinion trompeuse », ou, pour mieux dire, cette colossale erreur que les Mirabeau, les Talleyrand, les Condorcet, les Lanthenas, les Lakanal, les Lepelletier de Saint-Fargeau ont léguée aux révolutionnaires de nos jours. Il faut être absolument dépourvu de sens pratique et avoir l'esprit fermé à toute observation psychologique et morale, pour ne pas voir que l'instruction ne suffit point à elle seule et par elle-même pour assurer le bonheur des individus et la prospérité des États ; que la science n'est autre chose qu'un instrument, un

(1) Herbert Spencer, *Préparation à la science sociale par la psychologie*

(2) Jean-Jacques Rousseau, lettre à d'Alembert, t. I�er, édition de 1820, p. 404.

outil, un instrument de vie ou de mort, un outil susceptible d'ajouter au progrès du mal, comme il peut devenir une force pour le bien, selon la main qui l'emploie; que si elle est féconde en bienfaits, quand c'est la vertu qui l'utilise, elle multiplie entre les mains du vice les moyens de destruction, et lui prête de nouvelles armes contre la société; que la science n'est donc pas cette panacée infaillible à l'aide de laquelle les révolutionnaires du siècle dernier s'imaginaient pouvoir guérir tous les maux du monde; car, loin d'y mettre un terme, elle peut y en ajouter de nouveaux, et devenir le poison qui tue au lieu du remède qui soulage.

Ce n'est pas seulement le christianisme qui avait tenu ce langage depuis dix-huit siècles; déjà la sagesse antique parlait ainsi par l'organe de ses plus grands maîtres : « Sans la vertu, disait Platon, toutes les sciences ne peuvent être que très nuisibles (1); » et dans un autre passage : « Toute espèce de science, séparée de la justice et de la vertu, n'est qu'une aptitude à mal faire (2) »; et ailleurs : « L'ignorance n'est pas le plus grand des maux, ni le plus à redouter; beaucoup de connaissances, beaucoup de science avec une mauvaise éducation, c'est quelque chose de bien plus dangereux (3). »

Mais la pédagogie révolutionnaire ne l'entend pas de la sorte : elle attache à l'instruction une vertu intrinsèque et suffisant par elle-

(1) *Alcibiade*, p. 498, édit Didot.
(2) Menex, p. 571.
(3) VII° livre des *Lois*.

même pour moraliser l'homme. Pour la première fois depuis qu'il y a des écoles au monde, on vit se produire en 1789 un système d'éducation indépendant et exclusif de toute idée religieuse. C'est une conception propre à la Révolution française, et il n'y a pas lieu de s'étonner qu'elle ait été reprise de nos jours par ceux qui s'attachent à suivre le plus fidèlement ses traditions. Inutile de montrer, comme nous l'avons fait tant de fois dans nos discours et nos instructions pastorales, qu'en cela, ces fiers partisans du progrès reculaient tout simplement au-delà du paganisme, en ne sachant même plus reconnaître, avec Platon, que la vertu consiste essentiellement dans « l'imitation de Dieu »; qu'elle est dans l'âme humaine un reflet des perfections divines; que la notion du juste et de l'honnête se rattache au législateur suprême, qui seul peut lui donner son caractère impératif et obligatoire; que Dieu apparaît au sommet de l'intelligence comme l'expression éternelle et souveraine de la loi morale; qu'il est à la fois la raison première du devoir et l'exemplaire de la sainteté; et que, par conséquent, isoler la vertu de Dieu, qui est son principe et son fondement, c'est la réduire à rien.

Il est à croire que les tenants de la pédagogie révolutionnaire, ceux d'aujourd'hui comme leurs devanciers, n'ont jamais mis la main à l'œuvre si difficile de l'éducation. Autrement il serait impossible de comprendre qu'à l'aide d'un simple manuel civique, sans chercher un point d'appui en Dieu, et rejetant

tout mobile supérieur à la volonté de l'homme,
ils aient pu se flatter de vaincre les résistances
que rencontre la vertu dans le cœur de l'enfant :
ce fonds trop souvent ingrat et rebelle à la
culture morale; cet égoïsme si enclin à cher-
cher en toutes choses la satisfaction d'un plaisir
et d'un caprice; cette prédominance marquée
de la vie des sens sur la vie de l'esprit; ce goût
inné pour tout ce qui flatte l'amour-propre, et
cette répulsion instinctive contre tout ce qui
s'appelle une gêne, une entrave, une règle;
en un mot, ces penchants, ces inclinations
naissantes qui préoccupent et alarment la vigi-
lance d'un maître attentif et consciencieux.
Tout pénétrés qu'ils puissent être de la vertu
moralisatrice de l'alphabet ou du calcul, il est
difficile de comprendre que des hommes sé-
rieux n'attachent pas une importance plus
grande encore à graver dans l'âme des enfants
l'idée de Dieu témoin et juge de leurs pensées
et de leurs actions les plus secrètes; de Dieu,
pour qui rien n'est caché, et dont le regard,
scrutant les reins et les cœurs, plonge là même
où n'atteint pas l'œil du maître, où ne pénètre
pas davantage l'œil du père et de la mère. C'est
ainsi que l'humanité chrétienne avait compris
et réalisé depuis dix-huit siècles la grande
œuvre de l'éducation morale; et l'expérience
n'a cessé de démontrer qu'en dehors de l'action
religieuse sur l'enfance, il n'y a jamais eu qu'im-
puissance et déception. « Quiconque n'aime
pas Dieu, écrivait Bossuet, quoi qu'il dise et
quoi qu'il promette, n'aimera que lui-même. »

L'expérience! Elle était faite quelques années après l'application des théories de Condorcet et de Lakanal. En l'an VIII, le ministère de l'intérieur constatait en ces termes les résultats de la pédagogie révolutionnaire : « Les écoles primaires sont presque partout désertes. Deux causes y ont contribué : la première est le détestable choix de ce qu'on a appelé des instituteurs; ce sont presque partout des hommes sans mœurs, sans instruction, et qui ne doivent leur nomination qu'à un prétendu civisme qui n'est que l'oubli de toute moralité et de toute bienséance. La seconde cause est dans la force toujours subsistante des opinions religieuses que les lois ont trop heurtées et pour lesquelles ces instituteurs affichent un mépris insolent(1). » Un an après, Portalis disait devant le Corps législatif : « Il est temps que les théories se taisent devant les faits. Point d'instruction sans éducation, et point d'éducation sans morale et sans religion. Les professeurs ont enseigné dans le désert, parce qu'on proclama imprudemment qu'il ne fallait jamais parler de religion dans les écoles. L'instruction est nulle depuis dix ans. Il faut prendre la religion pour base de l'éducation. Les enfants sont livrés à l'oisiveté la plus dangereuse, au vagabondage le plus alarmant. Ils sont sans idée de la divinité, sans notion du juste et de l'injuste : de là des mœurs

____

(1) Archives nationales, f° 173001. Voir l'ouvrage de M. Albert Duruy, *l'Instruction publique et la Révolution,* p. 178 et suiv.

farouches et barbares, de là un peuple féroce (1). »

« L'instruction est nulle depuis dix ans! » Voilà ce qu'avait produit la Révolution française dans la première période de son existence. J'ignore si c'est là-dessus que l'on compte pour célébrer le centenaire de 1789. Mais revenons au point de départ. Après les recherches faites depuis vingt ans à l'aide de documents précis, et qui sont encore loin d'être complètes, il n'est plus permis qu'à des ignorants ou à des déclamateurs sans conscience de prétendre qu'avant 1789 l'instruction était négligée en France (2). Pour l'enseignement primaire, un budget annuel de plus de 20 millions de livres — c'est le chiffre de Condorcet, — budget que nous n'avons guère dépassé de nos jours (3); pour l'enseignement secondaire, 562 collèges comptant 72,747 élèves, dont 40,000 environ recevaient l'instruction soit entièrement, soit partiellement gratuite (4); pour l'enseignement supérieur et spécial, outre les 21 universités du royaume et le collège de France, 50 académies, 72 écoles spé-

(1) *Exposé des motifs du Concordat devant le Corps législatif.*
(2) Nous voulons parler des travaux importants et consciencieux de MM. du Boulay, Taranne, Vallet, de Viriville, Charles Jourdain, Brunetier, de Beaurepaire, de Charmasse, de Barthélemy, de Resbec, Fayet, Babeau, Albert Duruy, etc., etc.
(3) Inutile de dire que la dépense était supportée, non point par l'État, mais par les congrégations, les fabriques et les fondations particulières.
(4) Rapport de M. Villemain, en 1813, sur la situation de l'enseignement secondaire.

ciales ou professionnelles de dessin, d'hydro-
graphie, de mathématiques, d'art militaire,
d'artillerie, de marine, des mines, des ponts
et chaussées : voilà le bilan, fort incomplet,
des établissements d'instruction en France,
au début de la Révolution (1). C'est donc
avec raison que M. Guizot pouvait dire dans
la séance de la Chambre des députés, le
15 mars 1835. : « Avant 1789, il y avait en
France une grande et active concurrence entre
tous les établissements particuliers, toutes les
congrégations, toutes les fondations savantes,
littéraires, religieuses, qui s'occupaient d'ins-
truction publique. Cette concurrence était
très active, très efficace, et c'est à cette
concurrence qu'ont été dus en grande partie
les bienfaits du système d'éducation de cette
époque, et la vitalité, cette vitalité énergique
qu'il a manifestée à différentes époques. »
Est-ce à dire que tout fût parfait dans cette
organisation, et qu'il n'y eût plus désormais
ni améliorations ni réformes à y introduire?
Allons-nous prétendre que dans ces écoles
primaires, ces collèges et ces universités, on
enseignait autant de matières qu'aujourd'hui?
Assurément non. Avec les progrès accomplis
depuis lors dans les sciences mathématiques et
naturelles, physiques et chimiques, ce serait
chose bien étrange que nous ne fussions pas
plus avancés aujourd'hui qu'il y a cent ans.
Sans attacher plus d'importance qu'il ne faut au

(1) Rapport de M. Villemain, en 1843, sur la situation
de l'enseignement secondaire.

mot de Coffinhal à Lavoisier : « Tais-toi, la République n'a pas besoin de chimistes », nous soutenons purement et simplement que la Révolution française n'a rien à revendiquer pour elle dans ces progrès ni dans leurs conséquences. Des écoles polytechniques, des écoles militaires, des é·oles d'arts et métiers, des écoles professionnelles, l'Europe entière en a créé tout autant et en plus grand nombre encore que la France moderne ; et pour activer le progrès de l'instruction primaire, il a fallu prendre exemple sur les pays les plus réfractaires aux idées de la Révolution française, tels que la Prusse et la Saxe. Une seule chose est à retenir dans tout cela, parce qu'elle résume la question tout entière : c'est que, avant 1789, en matière d'instruction, la France n'avait pas de rivale dans le monde, tandis que, à l'heure présente, elle n'est supérieure, sous ce rapport, à aucun des grands États de l'Europe.

Qu'est-ce donc qui appartient en propre à la Révolution française en matière d'instruction? Une conception absolument fausse, celle de l'État enseignant, du monopole et de la centralisation universitaire.

L'État enseignant! A moins que nous ne soyons fatalement voués au plus effrayant et au plus absurde de tous les despotismes, j'espère bien que, dans cent ans d'ici, on ne comprendra plus qu'une pareille erreur ait pu s'emparer de l'esprit d'un peuple. Je l'ai dit vingt fois à mes contemporains, sans avoir jamais trouvé une réfutation, et je ne cesserai de le répéter : quoi qu'aient pu en dire Condorcet, Lakanal et tant d'autres, la fonction éducatrice n'entre nullement dans l'idée de l'Etat, qui est un pouvoir de gouvernement et non pas un pouvoir d'enseignement. On a beau presser en tous sens les divers pouvoirs qui constituent l'Etat, le pouvoir législatif, le pouvoir exécutif, le pouvoir judiciaire, jamais l'on n'en fera sortir la fonction éducatrice. Que l'Etat exerce à cet égard une mission de surveillance, d'encouragement et de protection, à la bonne heure; mais vouloir enseigner toute la jeunesse d'un pays, et la jeter dans un seul et même moule, alors que l'on n'a pas et que l'on fait profession de ne pas avoir de doctrine d'Etat, ni en religion, ni en philosophie, ni en histoire, ni dans tout le reste, c'est le comble de l'absurdité.

Cette absurdité, inhérente au système d'éducation de la Révolution française, a pour conséquences nécessaires le monopole et la centralisation universitaires. Ici, nous réclamons contre l'idée conventionnelle reprise par Napoléon, au nom de la science elle-même, qui vit de liberté et non pas d'uniformité, qui, sous peine d'être mise en état d'infériorité vis-à-vis de l'étranger, demande à n'être pas entravée par la bureaucratie dans ses programmes et dans ses méthodes. A la suite de nos désastres de 1870, il semblait qu'une réaction vigoureuse allait nous délivrer pour toujours du faux système d'instruction appliqué depuis quatre-vingts ans. C'était le moment où des éclairs de bon sens et de raison sillonnaient la France d'un bout à l'autre. Or, voici comment, le 6 mars 1871, au sein de l'Académie des sciences, l'on appréciait la centralisation universitaire, cette conception propre à la Révolution française :

« La science a joué un grand et terrible rôle dans les défaites que nous venons de subir. Les découvertes d'Ampère, les travaux de nos mécaniciens militaires, ont été cruellement utilisés contre nous. Enfin, l'organisa'ion libérale des Universités allemandes a été mise au service des passions haineuses dirigées contre notre pays. Aussi dit-on de divers côtés, et avec raison, que c'est par la science que nous avons été vaincus. La cause en est dans *le régime qui nous écrase depuis quatre-vingts ans,* régime qui subordonne les hommes de la science aux hommes de la politique et de l'administration, régime qui fait traiter les affaires de la science, sa propagation, son enseignement et son application par des corps ou des bureaux où manque la compétence, et par suite l'amour du progrès (1). »

Et que disait, dans une séance postérieure, du régime introduit depuis quatre-vingts ans par la Révolution française, un grand chimiste dont l'autorité en pareille matière est irrécusable ? Après avoir rappelé « qu'avant notre première Révolution, les Universités françaises

(1) *De l'intervention de l'Académie dans les questions générales de l'organisation scientifique,* par M. Henri Sainte-Claire Deville.

étaient indépendantes, comme le sont aujour-
d'hui celles des autres pays », M. Dumas ajou-
tait que « le système adopté depuis soixante ans
dans notre pays pour la discipline de l'ensei-
gnement supérieur constituait une cause per-
manente de décadence et d'affaiblissement, à
laquelle il convenait de porter enfin un remède
prompt et énergique ». Pourquoi cela? « Parce
qu'il n'est pas bon, reprenait-il, que tous les
établissements d'instruction supérieure soient
soumis au même régime, aux mêmes pro-
grammes; il n'est pas bon qu'ils aient tous à
demander à un centre commun le mouvement
intellectuel et les ressources matérielles. En
Suisse, en Suède, en Allemagne, en Angle-
terre, aux Etats-Unis, des Universités nom-
breuses, diverses dans leur origine et dans
leurs tendances, prospèrent, au contraire, sous
des conditions de vie propre, d'autonomie, et
offrent à l'observateur un spectacle plein d'in-
térêt. » Et l'illustre savant, faisant le procès
à la pédagogie révolutionnaire, concluait en
ces termes : « Rendons à nos Universités, sous
la surveillance de l'Etat, et, au besoin, avec
ses subventions, cette indépendance dont elles
jouissaient avant notre première Révolution.
Les grands hommes que cette époque a vus
surgir sont autant de glorieux témoins qui
attestent devant l'histoire la force des études
et la vigueur de la discipline de ce libre ensei-
gnement de nos pères (1). »

(1) Académie des sciences, compte rendu de la séance
du lundi 13 mars 1881.

Sans doute, ce noble et ferme langage n'a pas été complètement perdu. On parle de rendre aux Facultés de l'Etat, avec la disposition d'elles-mêmes, une certaine autonomie. D'autre part, la liberté de l'enseignement a fait brèche au régime du monopole et de la centralisation universitaire, inauguré il y a cent ans. Nous ne pouvons qu'applaudir à ce réveil des vraies notions pédagogiques. Mais ce qu'il importe de bien constater, c'est que ce mouvement de réaction est en sens inverse des idées de 1789. En matière d'instruction comme en tout le reste, chaque fois que l'on fait un pas en avant dans la voie du progrès, c'est une conquête de plus sur les erreurs de la Révolution française.

X

LA RÉVOLUTION FRANÇAISE ET L'INSTRUCTION

Un des hommes de notre temps, que l'anti-christianisme prise le plus, Herbert Spencer, écrivait naguère ces lignes dictées par le simple bon sens :

« La confiance dans les effets moralisateurs de la culture intellectuelle, que les faits contredisent catégoriquement, est du reste absurde en elle-même. Quel rapport peut-il y avoir entre apprendre que certains groupes de signes représentent des mots, et acquérir un sentiment plus élevé du devoir? Comment la facilité à former couramment des signes représentant les sons pourrait-elle fortifier la volonté de bien faire? Comment la connaissance de la table de multiplication ou la pratique des divisions peuvent-elles développer les sentiments de sympathie, au point de réprimer la tendance à nuire au prochain? Comment les dictées d'orthographe et l'analyse grammaticale pourront-elles développer le sentiment de la justice, ou des accumulations de renseignements géographiques accroître le respect de la vérité? Il n'y a guère plus de relations entre ces causes et ces effets qu'avec la gymnastique qui exerce les mains et fortifie les jambes. La foi aux livres de classe et à la lecture est

Certes, la défense militaire d'un pays est d'une nécessité indispensable : nul doute à cet égard. Mais le progrès de la civilisation avait précisément consisté à réduire de plus en plus des charges si onéreuses pour une nation, à diminuer le chiffre des hommes de guerre pour augmenter celui des citoyens uniquement appliqués aux métiers et aux arts. Plus on s'était éloigné de l'invasion des barbares, de l'époque des Huns et des Vandales, où chaque individu prenait part à la guerre, moins les armées étaient devenues nombreuses. Les charges militaires ne pesaient que sur une faible quantité d'hommes et le reste de la population était exonéré par là même d'un service le plus pénible de tous. Employer à la défense du territoire le moins de soldats possible, afin de soulager d'autant les différentes classes de la société ; recruter l'armée par la voie des engagements volontaires, au lieu d'imposer à tous une commune servitude, c'est le but auquel tendait de toutes parts la civilisation européenne ; et ce but avait été atteint le plus souvent. On est surpris du nombre peu considérable de troupes engagées dans les guerres du dix-septième et du dix-huitième siècles. A Fontenoy, la dernière grande affaire militaire de l'ancienne monarchie, il n'y avait pas quarante mille hommes en ligne du côté des Français (1). Dans de pareilles conditions, on

(1) *Les guerres sous Louis XV par le comte Pajol*, t. III, p. 390.

n'avait rien à redouter ni pour le mouvement de la population, ni pour l'essor de l'industrie, du travail et des arts. Avant 1789, il n'est pas question de levées en masse ni d'armements universels; le militarisme n'existe pas.

Il est le fruit naturel et la conséquence directe des guerres de la Révolution et de l'Empire. Là-dessus, il n'y a pas de contestation possible. « C'est de la Révolution française, dit avec raison l'auteur de *la Nation armée*, que date l'époque présente dans l'art militaire, et cette époque durera jusqu'à ce que de nouvelles modifications sociales donnent une base nouvelle à la vie militaire et politique... La conscription fournit les masses d'hommes nécessaires pour permettre, en cas de besoin, de prodiguer la vie humaine (1). »

Prodiguer la vie humaine au moyen de la conscription : quel étrange progrès pour la civilisation européenne! Était-il donc vraiment si nécessaire de déchaîner ce nouveau fléau sur l'humanité? Oui, du moment que l'on songeait à entreprendre des guerres de propagande révolutionnaire. Non, si le mouvement de 1789 s'était renfermé dans les limites d'une sage et utile réforme. Vers la fin du siècle dernier, aucune puissance n'était en mesure de lutter avec la France dont la force offensive et défensive n'avait jamais été mieux appuyée sur les alliances et les traités. Avec une armée de 230,000 hommes sur le

(1) Von der Goltz, *la Nation armée*, p. 13.

pied de paix, de 295,000 sur le pied de guerre,
notre pays pouvait défier toute agression ; et il
eût été facile d'élever ce chiffre, sans recourir
au système ruineux et barbare de la conscrip-
tion (1). La guerre d'Amérique avait relevé
le moral de la jeunesse militaire ; les États-
Unis étaient indépendants ; l'Angleterre venait
d'éprouver notre force ; les revers de la guerre
de Sept ans étaient effacés. Témoin d'une
situation qu'il appréciait sans la flatter, Phi-
lippe de Ségur a pu dire dans ses *Mémoires* :
« La France était inattaquable avec avantage,
quand bien même toutes les puissances de
l'Europe auraient fait une ligue contre la
maison de Bourbon : 24 à 25 millions d'habi-
tants (2), des frontières bordées par deux mers,
des ports magnifiques, bien approvisionnés
en tous genres, des places de guerre bien for-
tifiées, soutenues, dans beaucoup de parties,
de deux et quelquefois de trois lignes ; d'autres
places d'un ordre inférieur ; un militaire
nombreux, bien discipliné et bien entretenu,
dont la valeur était reconnue ; le pacte de fa-
mille entre toutes les branches régnantes de
la maison de Bourbon, qui assurait toutes les
frontières méridionales, tout enfin paraissait
propre à inspirer au gouvernement une sécu-
rité parfaite (3). »

(1) *État militaire de la France pour l'année* 1789. Les
dépenses de la guerre montaient pour la même année à
96,883,645 livres.

(2) La Prusse ne comptait alors que 6 millions d'habitants
et l'Autriche 20 millions.

(3) *L'Armée royale en* 1789, par M. Albert Duruy, p. 25.

Mais il est évident que la situation devait complètement changer de face et le régime militaire se modifier profondément dès l'instant que, rompant toutes les alliances et tous les traités, le parti révolutionnaire allait jeter le défi à l'Europe entière, en faisant une propagande de doctrines menaçantes pour les rois et les peuples. Je voudrais n'avoir pas à constater ces provocations d'où est sorti, comme une nécessité fatale, le fléau du militarisme avec ses épouvantables ravages; mais l'histoire ne doit connaître d'autres principes ni d'autres règles que la justice et la vérité. En face d'une Assemblée qui venait de suspendre Louis XVI de ses fonctions comme un simple commis (1), il est impossible de prétendre, sans nier l'évidence, que l'Autriche et la Prusse se méprenaient sur la véritable portée d'un pareil attentat, en déclarant six semaines après, à Pilnitz (2), « que la situation du roi de France était d'un intérêt commun à tous les souverains ». Et si l'on va jusqu'à soutenir que le meurtre de Louis XVI était une question d'ordre intérieur, n'intéressant en rien les autres nations, que dire de ce décret rendu par la Convention le 19 novembre 1792 :

« La Convention nationale déclare qu'elle accordera secours et fraternité à tous les peuples qui voudront recouvrer leur liberté, et elle charge le pouvoir exécutif de donner

(1) Séance du 25 juin 1791.
(2) Le 7 août 1791.

des ordres aux généraux des armées françaises pour secourir les citoyens qui auraient été ou qui seraient vexés pour la cause de la liberté.

« La Convention nationale ordonne aux généraux des armées françaises de faire imprimer et afficher le présent décret dans tous les lieux où ils porteront les armes de la République (1). »

Voilà bien une excitation à la révolte universelle contre tous les pouvoirs établis. La Révolution française se fait le justicier des rois et des peuples; elle s'érige en redresseur des griefs sur toute la surface du monde. Faut-il s'étonner que l'Europe entière ait répondu à ces provocations par des coalitions sans cesse renaissantes? A partir de ce moment-là, c'est une guerre à mort qui commence, et, d'une trêve à l'autre, un état de paix armée presque aussi désastreux. Evidemment, les moyens ordinaires n'y suffisent plus : l'ère est passée du recrutement des troupes par les engage-

(1) Voici le langage que tenaient les députés à cette époque. On comprend que cette propagande révolutionnaire ait provoqué les coalitions européennes :

« Ah! s'il était vrai que le réveil des peuples fût arrivé; s'il était vrai que le *renversement de tous les trônes* dût être la suite prochaine du succès de nos armées et du volcan révolutionnaire; s'il était vrai que les vertus républicaines vengeassent enfin le monde de tous les crimes couronnés; que chaque région, devenue libre, forme alors un gouvernement conforme à l'étendue plus ou moins grande que la nature lui aura fixé; et que de toutes ces conventions nationales, un certain nombre de députés extraordinaires forment au centre du globe une Convention universelle qui veille sans cesse au maintien des droits de l'homme, à la liberté générale du commerce et à la paix du genre humain! » (*Discours de Milhaud, député du Cantal, prononcé aux Jacobins, en novembre 1792.*)

ments volontaires ; au risque d'épuiser la nation, il y faut les levées en masse et les armements universels. Désormais tous les Français seront en état de réquisition permanente ; chaque citoyen se trouvera placé pour un temps de sa vie entre les mains du gouvernement. C'est pour organiser ce règne de la liberté individuelle, qu'on verra se succéder les décrets du 24 février et du 23 août 1793, suivis de la loi du 19 fructidor an VI. Vainement, devant une pareille déperdition des forces nécessaires au développement matériel et moral de la société, cherchera-t-on plus tard à revenir au principe des engagements volontaires, dans les lois du 10 mars 1818 et du 14 avril 1832 (1) ; toutes ces tentatives seront en pure perte : le militarisme est entré dans la vie nationale avec la Révolution française, et il n'en sortira qu'après le complet épuisement du pays.

Efforts gigantesques, je le veux bien, et qui témoignent de la puissante vitalité dont le peuple français était doué à la veille de 1789. Nous ne sommes pas plus insensibles que d'autres au spectacle grandiose de ce drame de vingt-cinq ans où notre pays allait ajouter tant de pages nouvelles à l'histoire de ses gloires militaires. Il ne faudrait pourtant pas se laisser impressionner par ces hécatombes sanglantes

---

(1) Article 1er de la loi de 1818 : « L'armée se recrute par des engagements volontaires et, *en cas d'insuffisance,* par des appels. » — Article 1er de la loi de 1832 : « L'armée se recrute par des appels et des engagements volontaires. »

jusqu'à oublier les désastres qui en ont été la suite. En donnant le signal des armements universels, il est clair que la Révolution française allait forcer tous les peuples de se plier au même système. Dès lors, la quantité jouerait le plus grand rôle; et le succès deviendrait finalement une question de nombre. On serait écrasé tôt ou tard sous la supériorité des effectifs. Ça a été l'histoire de 1815 et de 1871. A ce jeu-là, tout dépend de l'accroissement de la population. Nous pouvons encore lutter à l'heure présente; mais qu'adviendra-t-il, en face de 120 millions de Russes et de 80 millions d'Allemands, avec un chiffre d'habitants presque stationnaire? Nous ne voulons pas insister sur des conséquences aussi doulou- reuses; mais, ce que l'évidence nous oblige à conclure, c'est que le militarisme, né de la Révolution française, s'est retourné contre notre pays, pour l'avenir duquel il constitue la plus redoutable des menaces.

XII

LA RÉVOLUTION FRANÇAISE ET L'AVENIR DE LA FRANCE

Le vrai patriotisme ne consiste pas à dissimuler une situation sous des phrases élogieuses, mais à dire au pays ce que l'on estime la vérité, sans se préoccuper de lui être agréable ou non. Partant de là, nous n'hésitons pas à conclure que la France est sortie de sa voie historique et traditionnelle, en 1789, et que, depuis lors, elle n'a pas su y rentrer définitivement, malgré des retours intermittents vers les principes et les institutions qui avaient fait sa grandeur et sa force. De là tout un siècle d'oscillations entre les régimes les plus contradictoires, depuis le despotisme jusqu'à l'anarchie. Rien ne dure ni ne peut durer, parce que, en l'absence d'un état de choses fixé par l'expérience et par la tradition, tout est livré au hasard des événements. Comme l'on ne reconnaît plus, — du moins généralement, — un droit national, antérieur et supérieur à la volonté ou, pour mieux dire, au caprice de chaque génération qui arrive à la vie politique, l'instabilité est devenue la règle. Voilà pourquoi les révolutions se succèdent périodiquement; et, à chacune d'elles, il se fait une déperdition de forces, parce que de nouvelles sources de divisions viennent s'ajouter aux anciennes. Il n'y a pas de peuple, si robuste soit son tempérament, qui puisse tenir à la longue devant des crises sans cesse répétées et dont il est difficile de prévoir la fin.

Oui, il est difficile d'en prévoir la fin ; et c'est à ce point de vue surtout que la situation du pays, telle que la Révolution française l'a faite, me paraît alarmante. La division des partis est extrême, je le constate avec douleur ; elle l'est d'autant plus, qu'il ne s'agit pas seulement d'intérêts ou de personnes, mais de doctrines. C'est au nom du droit national, appuyé sur un consentement et consacré par une prescription de huit siècles, que l'héritier d'une dynastie de quarante rois demande au peuple français le renouvellement d'un pacte tant de fois séculaire. D'autre part, un homme de génie est entré plus récemment dans l'histoire de France, y plongeant de profondes racines ; et, à moins d'une abnégation dont les partis sont rarement capables, il est malaisé de l'en faire sortir avec son grand nom, ses services et jusqu'à ses malheurs, devenus les nôtres. Enfin tout un parti, encore plus violent que nombreux, se réclame de la Convention, de ses théories radicales et irréligieuses. Comment faire de l'harmonie avec des opinions si discordantes? On parle de plébiscite, d'appel au peuple, pour mettre tout le monde d'accord, sinon pour fondre toutes les doctrines en une seule. Mais comment ne pas prévoir que désunis la veille, les esprits n'en continueront pas moins à rester divisés le lendemain? Un observateur sérieux peut-il s'arrêter à cette idée, qu'il suffira d'un vote transitoire et passager pour faire que le droit héréditaire cesse d'être le droit héréditaire, pour empêcher à l'avenir toute revendication sous le nom de Napoléon, et pour refouler dans le néant les aspirations du parti républicain? Ce seraient là de pures illusions. La Révolution française a créé parmi nous des divisions bien autrement durables et profondes : elle a séparé la France en plusieurs camps absolument hostiles les uns aux autres. Voilà pourquoi je la considère comme l'événement le plus funeste de notre histoire nationale.

Ah! sans doute, il y a dans la vie d'un peuple des moments où il n'est pas trop difficile de rétablir l'union rompue par de longues discordes; mais il faut savoir en profiter, car ces occasions passent vite. Sous le coup des épouvantables désastres de 1870, la France, mutilée et meurtrie, avait compris les périls de sa situation; l'œuvre de la Révolution était là, sous ses yeux, terrible en leçons et en mécomptes de tout genre. Plus rien n'était resté debout de tout ce que l'on avait imaginé pour remplacer les vraies traditions du pays. Devant le démembrement de la patrie, il ne pouvait entrer dans l'esprit d'un homme sérieux de vouloir relever le régime qui venait de s'effondrer à Sedan. Le retour aux idées saines était si général que, dans la revue la plus infatuée de libéralisme, la *Revue des Deux-Mondes*, l'on pouvait écrire en toutes lettres que la Révolution française n'avait tenu aucune de

ses promesses, qu'elle avait fait banqueroute
à la liberté comme à tout le reste. C'était donc
le moment favorable pour rompre avec la
Révolution et pour reprendre le mouvement
réformateur de 1789. Un prince était là, dési-
gné par sa naissance et par son rang pour
mettre la main à cette œuvre de restauration
et de progrès, un prince doué d'une haute
intelligence, le plus honnête homme de son
temps, vrai type de loyauté et de probité politi-
que; un prince mûri par l'étude et par l'épreuve
du malheur, n'ayant ni compétitions à craindre
ni représailles à exercer, placé qu'il était au-
dessus de tout esprit de caste et de coterie; un
prince rompu aux questions sociales, les plus
importantes de notre époque, ayant profondé-
ment médité sur les besoins et les intérêts de
son pays, éminemment propre, par son talent
comme par ses vertus, à opérer la réconcilia-
tions des partis, au sein d'une France compacte
et unie. L'histoire aura peine à comprendre
que, par de misérables susceptibilités et pour
n'avoir pas voulu laisser à Monsieur le comte
de Chambord le temps de résoudre une question
de drapeau, une fois arrivé au trône, on ait
joué le sort de la France sur des équivoques et
des malentendus. Quoi qu'il en soit, nous voilà
rejetés plus que jamais dans la division des
partis, avec des prétentions qui, alors, n'au-
raient pas même osé se produire, et sans
savoir où peut aboutir une pareille mêlée
d'ambitions et de doctrines.

Dans la situation que la Révolution a faite à

la France, il est impossible de ne pas rapprocher les deux faits de l'histoire moderne qui jettent le plus de lumières sur les conditions dans lesquelles les nations tombent ou se relèvent.

Il y avait au siècle dernier, vers l'orient de l'Europe, une nation fière et chevaleresque entre toutes. Dieu l'avait douée de toutes les qualités qui font un grand peuple. L'intelligence et la bravoure s'alliaient chez elle à l'ardeur d'une foi qui ne savait reculer devant aucun sacrifice. Apôtre armé du christianisme, cette race vaillante avait porté tout autour d'elle les lumières de l'Évangile, et, dans cette longue croisade pour la justice et la vérité, on l'avait vue maintes fois opposer à la barbarie orientale une barrière infranchissable. Bref, elle était là aux avant-postes de la chrétienté, la couvrant de son épée à l'heure du péril, et, sous le sceptre des Ladislas et des Sigismond-Auguste, l'on pouvait se demander où s'arrêteraient les destinées d'un pays qui possédait de telles ressources. Mais un vice intérieur minait cette France du Nord : l'indiscipline et l'esprit de parti. Au lieu de s'attacher à la grande institution nationale qui avait fait sa force et son unité, la Pologne ne sembla préoccupée que de l'affaiblir et de la combattre, aimant mieux livrer le pouvoir au hasard des compétitions que de l'établir sur les bases indiquées par la nature et par sa propre histoire. Elle devait dès lors épuiser son énergie dans des luttes stériles, et ne plus retrouver, devant l'étranger menaçant et uni, des forces qu'elle avait eu le tort de tourner contre elle-même. Vainement, de Sobieski à Kosciusko, des héros surgirent de son sein pour soutenir la patrie défaillante, il n'y a pas d'héroïsme qui puisse infirmer cette parole de l'Évangile : « Tout royaume divisé contre lui-même sera désolé. » On sait le reste. Après neuf siècles de splendeurs et de gloires, la Pologne s'affaissa sur elle-même, succombant sous ses propres fautes plus encore que sous les coups de vainqueurs avides de s'en partager les dépouilles.

Autre exemple, celui-là de relèvement et non de déchéance! Après la bataille d'Iéna, la Prusse semblait anéantie. Refoulée derrière l'Elbe par le traité de Tilsit, réduite désormais à la moitié de son territoire et de sa population, sans ressources, sans forteresses et sans armée, elle paraissait irrémédiablement déchue de son rang de grande puissance, et n'avait pas réussi à sauver du désastre la Marche de Brandebourg, berceau de ses souverains. C'en était fait à jamais, pensait-on, de l'œuvre du grand Frédéric. Mais la Prusse allait montrer ce que peut une nation quand elle s'attache aux principes et aux institutions qui l'ont fait vivre et grandir. Devant les malheurs publics, toute opposition se tut, il n'y eut plus qu'une voix à se faire entendre, celle du patriotisme. La nation tout entière, sans distinction de classes ni de partis, se serra étroitement autour de son souverain; et l'attachement s'accrut du respect qu'inspirait une infortune même méritée. Le

10 août 1807, le roi disait aux professeurs de l'université de Halle : « Il faut que l'État regagne en force intellectuelle et morale ce qu'il a perdu en force physique. » Sa voix fut écoutée ; et un mouvement des esprits, comme il s'en est vu rarement dans l'histoire, devint le prélude de la restauration nationale. Les hommes ne manquèrent pas à l'œuvre suivant cette loi providentielle, que les hommes ne font défaut que là où il n'y a plus ni dévouement ni principes. Tandis que Stein appliquait sa ferme intelligence à réorganiser l'État, Scharnhorst reconstituait l'armée, Guillaume de Humboldt mettait la main aux réformes de l'instruction publique. Eichorn déposait dans l'union douanière le premier germe de l'unité politique qui, à force d'énergie et de persévérance, devait, hélas ! se réaliser un demi-siècle plus tard. C'était à qui apporterait une pierre à l'édifice renaissant de la grandeur nationale ; et, dans cette mise en commun de toutes les lumières et de toutes les volontés, l'esprit de parti se taisait devant l'intérêt de la patrie. Au milieu de toutes les divergences de l'opinion, on ne cessait de voir dans l'autorité historique et traditionnelle une force tutélaire ; c'est autour d'elle et par elle que l'on espérait se relever et grandir, comme ces chênes de nos forêts qui ne montent si haut que parce qu'ils tiennent au sol par des racines séculaires sur lesquelles ni les vents ni la tempête n'ont de prise.

Dans laquelle de ces deux voies s'engagera notre pays ? C'est l'avenir qui le dira.

CONCLUSION

Ce serait une tâche trop facile que de signaler un mal sans indiquer le remède. Des critiques purement négatives, outre qu'elles n'amènent aucun résultat, ont le grave inconvénient de paraître inspirées par un esprit d'hostilité et de dénigrement. Tel n'est pas le but de ce travail. Il est vrai que nos conclusions ressortent d'elles-mêmes de tout ce qui précède. A l'occasion du centenaire de 1789, nous avons envisagé la Révolution française sous ses divers aspects et dans ses conséquences les plus directes, pour montrer en face de quel abîme elle a conduit le pays; et, devant un état de choses où tout est remis en question pour la quinzième ou la vingtième fois, depuis les pouvoirs publics jusqu'au sort du plus modeste citoyen, nous attendons sans inquiétude la réponse que l'on voudra nous faire. Il importe cependant de résumer cet examen, pour dégager les éléments de la solution qui nous paraît la seule vraie et la seule efficace. Cette solution, nous la formulons en deux mots : il faut rompre résolument avec la Révolution, et reprendre avec sagesse et fermeté le mouvement réformateur de 1789.

Quoi donc! nous dira-t-on, l'ancien régime, les trois ordres du royaume, tout cet ensemble de choses qui existait avant 1789 : c'est cela

que vous voulez faire revivre? En aucune façon.
Il n'est pas plus en notre pouvoir de ressus-
citer les siècles que les morts. Cent ans ont
passé là-dessus, modifiant profondément la
condition des personnes et des choses. Insensé
serait celui qui voudrait méconnaître les chan-
gements survenus d'un âge à l'autre. Des faits,
on doit toujours en tenir compte; mais les
principes, il ne faut jamais les abandonner.

I. — Et d'abord, dans l'ordre religieux, si
l'on ne veut pas que l'athéisme et le matéria-
lisme amènent la décomposition totale de la
société française, — et ce travail n'est déjà que
trop avancé, — il faut de toute nécessité rame-
ner l'application des doctrines et des préceptes
du Décalogue et de l'Évangile dans l'État,
dans la famille, dans l'école; rendre à la reli-
gion sa place légitime dans les manifestations
et dans les actes de la vie publique, domes-
tique et privée; ou bien, c'en est fait de la
France, destinée à devenir, pour le monde en-
tier, le plus effrayant exemple d'un peuple
infidèle à sa mission, atteint aux sources mêmes
de la vie morale, et s'affaissant sur lui-même
dans le vide et dans le néant. Sur aucun autre
point les sophistes du siècle dernier et leurs
continuateurs d'aujourd'hui n'ont erré davan-
tage; et c'est à leur propagande d'impiété,
également funeste pour l'élévation des carac-
tères et pour la dignité des mœurs, que nous
devons l'état d'impuissance et de discorde
auquel nous sommes réduits.

II. — Dans l'ordre politique, après tant

d'aventures et d'expédients plus stériles les uns que les autres, il faut revenir franchement et sans hésitation à la monarchie nationale, incarnée et personnifiée dans la maison de France, ayant ses titres et son droit dans un consentement prolongé de génération en génération pendant huit siècles, et non pas dans un simple vote passager arraché par la force des circonstances ou surpris dans un moment de troubles; à la monarchie nationale, susceptible de transformations dans l'avenir comme elle l'a été dans le passé où on l'avait vue devenir successivement féodale, absolue, tempérée et constitutionnelle; à la monarchie nationale, plus capable que n'importe quel autre régime, par la fixité même de son principe, à donner au pays et à garantir toutes les libertés désirables. Non, on ne change pas plus le tempérament d'un peuple que celui d'un individu. Non, il n'est pas possible d'arracher du corps d'une nation un organe essentiel sans la frapper mortellement. Pour maintenir une société dans les conditions normales de sa force et de sa vie, il est nécessaire avant tout de conserver au milieu d'elle, haute et respectée, l'institution centrale avec laquelle et par laquelle un peuple est né, a vécu, a grandi, s'est développé, ne faisant qu'un avec elle, et trouvant dans cette alliance féconde, à travers les vicissitudes de son histoire, la garantie souveraine et permanente de sa grandeur et de son unité. Vouloir réorganiser un régime stable et régulier en dehors de ce facteur indispensable de l'ordre politique, ce serait s'agiter dans le vide.

III. — Le rétablissement de la monarchie nationale implique, selon nous, la reconstitution de la vie provinciale, sans laquelle toute réforme serait vaine. C'est l'une des erreurs capitales de la Révolution française, nous l'avons déjà dit, d'avoir supprimé ces centres historiques et secondaires qui, sous le nom de provinces, étaient autant de forces organisées et hiérarchisées. Avec l'abolition des douanes à l'intérieur, comme le demandaient à si bon droit les cahiers de 1789, l'unité nationale, au point de vue militaire et politique, n'aurait nullement souffert de la conservation des provinces. Qu'est-il résulté au contraire de leur suppression? Il en est résulté que tout le mouvement politique a été concentré à Paris, et que la France entière reste à la merci de la capitale. Qu'un soldat heureux s'empare du pouvoir ou qu'une émeute triomphante mette le gouvernement à bout de forces, le reste de la France subit la loi du vainqueur, quel qu'il soit, faute de pouvoir offrir une résistance sérieuse dans des assemblées provinciales fortement constituées. Là est l'origine de toutes nos révolutions; et si l'on n'y apporte pas de remède, aucun régime ne sera durable. Cette réforme est-elle donc si difficile? Non assurément. Déjà l'on a refait une ébauche des anciennes provinces dans les cours d'appel, dans les académies et, plus récemment, dans les grands commandements militaires. Que l'on y ajoute des États provinciaux, pour contre-balancer l'action d'un Parlement unique, où tout dépend d'une majorité variable, et l'on aura une garantie certaine contre des surprises toujours possibles. Sans ce contre-puids indispensable, sous n'importe quel régime, l'ère des révolutions restera indéfiniment ouverte.

IV. — En matière d'instruction, il faut que l'État revienne à son véritable rôle, qui est un rôle de protection, de surveillance et d'encouragement, au lieu de vouloir usurper une fonction d'enseignement et d'éducation qui n'est nullement de sa compétence. Des universités régionales, autonomes et indépendantes de l'État, se gouvernant par elles-mêmes, avec leurs méthodes et leurs programmes, sans avoir à subir le mot d'ordre des bureaux d'un Ministère, et pouvant ainsi ramener la vie intellectuelle et scientifique dans les centres provinciaux où elle est singulièrement affaiblie pour ne pas dire qu'elle en est absente; des écoles primaires, vraiment communales, où les pères de famille, par l'organe des conseils municipaux, aient quelque chose à voir et à dire, pour le choix des maîtres et le caractère de l'enseignement : voilà des libertés nécessaires, dans l'intérêt même de la science et au profit de la culture religieuse, intellectuelle et morale du pays.

V. — Dans l'ordre civil, si l'on veut arrêter, avec la dépopulation de la France, la ruine de l'agriculture, du commerce et de l'industrie, il faut absolument revenir sur les lois successorales, inspirées à la Révolution française par des idées égalitaires à outrance. Le partage forcé des biens, à l'ouverture de chaque héritage, n'est pas seulement une atteinte profonde à la liberté de tester, mais une erreur économique dont les conséquences finiraient par devenir mortelles pour la prospérité du pays.

VI. — Dans l'ordre social, la liberté du travail appelle nécessairement comme correctif et comme complément la liberté d'association, contrairement aux doctrines de Turgot et de la Révolution française. La corporation libre et volontaire, entre hommes du même métier, ouvriers et patrons, sans monopoles ni privilèges, est le seul moyen efficace et pratique pour échapper à l'individualisme et au socialisme également contenus, bien qu'à des titres divers, dans les théories économiques et sociales du siècle dernier.

VII. — Du militarisme, né de la Révolution française, nous n'avons plus rien à dire. Aucune réforme n'est possible à cet égard dans les circonstances présentes. Tant que l'Allemagne détiendra injustement l'Alsace-Lorraine, le fléau des armements universels restera déchaîné sur toute l'Europe. C'est seulement après la réparation de cette grande iniquité, que l'on pourra rentrer dans les vrais principes de la défense des Etats, et que le désarmement, sur une vaste échelle, s'imposera aux peuples pour leur plus grand bien et pour l'honneur de la civilisation chrétienne.

Nous n'avons pas tout dit, mais nous croyons avoir dit l'essentiel. C'est donc une réaction que vous proposez contre le mouvement révolutionnaire de 1789, nous répondra-t-on? Oui, sans le moindre doute, car le salut de la France est à ce prix : une réaction profonde et vigoureuse; la réaction du bon sens contre l'utopie; la réaction des réalités contre les chimères et les fictions; la réaction de l'expérience contre une suite de déceptions lamentables; la réaction des principes contre l'absence de toute doctrine; la réaction du droit héréditaire et national contre les usurpations de la force; la réaction du christianisme contre les athées et les matérialistes; la réaction d'un pays qui veut vivre, contre les causes d'affaiblissement qui finiraient par le tuer. Si les malheurs du présent et les menaces de l'avenir pouvaient avoir ce résultat, il faudrait en bénir Dieu et en remercier les hommes. Pour moi, il n'y a pas d'autre formule de délivrance que celle-ci : rompre avec les idées révolutionnaires, pour reprendre sans hésitation et d'une main ferme le mouvement réformateur de 1789. Je tenais à le dire hautement, à l'heure où nous sommes, pour le bien de la religion et dans l'intérêt de mon pays, sans me laisser arrêter par aucune autre considération; car je ne me connais au cœur que deux passions : l'amour de l'Eglise et l'amour de la France.

Paris, le 1er janvier 1889.

TABLE DES MATIÈRES

PARIS. - E. DE SOYE ET FILS, IMPR., 18, R. DES FOSSÉS S. JACQUES.

A. ROGER ET F. CHERNOVIZ, ÉDITEURS
7, RUE DES GRANDS-AUGUSTINS, PARIS

POUR PARAITRE EN JUIN 1889

L'ÉGLISE

ET

L'ENFANCE OUVRIÈRE

Par M. l'Abbé SECRÉTAIN
Rédacteur à l'*Univers*

PRÉCÉDÉ D'UNE PRÉFACE

Par Monseigneur FREPPEL

SOMMAIRE

Introduction. — M. de Mun, les œuvres ouvrières, les frères, le clergé. — Historique de l'enseignement professionnel. — Nécessité des cours d'apprentissage au point de vue de l'intérêt du patron et des classes laborieuses. — De l'ingérence et de l'incompétence de l'État en matière d'enseignement professionnel. — Du respect des catholiques pour l'apprenti. — Supériorité de l'enseignement pratique organisé par l'Église au moyen âge et à notre époque. — Rôle du bienheureux de la Salle et des frères des Écoles chrétiennes en matière d'éducation professionnelle. — Initiative du clergé dans la question sociale. — Nouveau plan d'éducation professionnelle catholique dans l'école et en dehors de l'école. — Organisation d'instituts pratiques pour les fils d'industriels et les fils d'artisans catholiques. — Maisons de famille, cercles, patronages. — Conclusion. — La nouvelle école pratique.

188